Dimensiones del proceso enseñanza aprendizaje en educación superior

Dimensiones del proceso enseñanza aprendizaje en educación superior

J. Jesús Huerta Amezola
Irma Susana Pérez García
Maritza Alvarado Nando

Número de Control de la Biblioteca del Congreso de EE. UU.:   2019917213
ISBN: Tapa Dura   978-1-5065-3055-0
             Tapa Blanda   978-1-5065-3056-7
             Libro Electrónico   978-1-5065-3054-3

Información de la imprenta disponible en la última página.

Fecha de revisión: 28/10/2019

Diseño de portada por José René Huerta Pérez.

Para realizar pedidos de este libro, contacte con:
Palibrio
1663 Liberty Drive
Suite 200
Bloomington, IN 47403
Gratis desde EE. UU. al 877.407.5847
Gratis desde México al 01.800.288.2243
Gratis desde España al 900.866.949
Desde otro país al +1.812.671.9757
Fax: 01.812.355.1576
ventas@palibrio.com
804911

RED DE ACADÉMICOS
DE IBEROAMÉRICA A.C.

La Red de Académicos de Iberoamérica A.C y el Instituto para el Desarrollo de la Investigación e Innovación Educativa en Iberoamérica S.C, como organismos de la sociedad civil, tienen entre sus objetivos generar el debate a través de la publicación de los resultados de sus investigaciones, eventos académicos, reportes de experiencias de innovación, sistematización de buenas prácticas y desarrollo de proyectos especiales tanto de carácter social, educativo y cultural.

Las convocatorias a la comunidad académica internacional para la generación de reflexiones académicas sobre asuntos de actualidad y de carácter emergente, de ensayos críticos en el ámbito socioeducativo, representan una oportunidad para edificar nuevos escenarios y aportar para el diseño de políticas públicas de la educación para la Región Iberoamericana. Se trata de construir y formalizar nuevos escenarios en el marco de una sociedad cada vez más compleja, heterogénea y de grandes oportunidades para fortalecer el tejido social.

La Red de Académicos y el Instituto asumen su compromiso de promover su producción académica de una manera expedita, con rigor científico, así como en los contenidos de su línea editorial. Utiliza como método para certificar, la calidad de sus productos, la triangulación con pares académicos de otras instituciones educativas de la Región. La responsabilidad de su producción bibliográfica está a cargo de los miembros de la Red, académicos de reconocido prestigio en el campo de las ciencias sociales, de la conducta y educación.

www.idiiei.org

El contenido de la presente obra fue evaluado y dictaminado por un comité de pares mediante el método de doble ciego, por investigadores nacionales pertenecientes al Sistema Nacional de Investigadores y miembros de la Red de Académicos de Iberoamérica A.C, quienes valoraron con los siguientes criterios de calidad académica: originalidad, aporte al conocimiento, pertinencia de la obra y actualidad e interés del tema.

Comité Dictaminador

Miembros del Sistema Nacional de Investigadores

Víctor Manuel Rosario Muñoz y Rosa Rojas Paredes

ÍNDICE

Agradecimientos ix
Prólogo xi
Introducción.. xv

I Dimensión pedagógica.. 1

Introducción 1

1. Enseñanza centrada en el docente 3
   a) Docente como mediador (educación tradicional) 3
   b) Docente administrador (tecnología educativa) 5

2. Enseñanza centrada en el alumno.................................... 7
   a) Alumnos con intereses y necesidades individuales (educación nueva) 8
   b) Alumnos con intereses y necesidades colectivas
   (pedagogía institucional) 10
   c) Alumnos que transforman su realidad social (pedagogía liberadora) 12
   d) Alumnos que crean y recrean el conocimiento
   (constructivismo pedagógico) 14
   e) Alumnos optimistas y felices (educación emocional) 16

Conclusión 18

II Dimensión psicológica..21

Introducción...21

1. Aprendizaje centrado en el alumno 23
   a) Afectos, emociones, sentimientos y pasiones (aprendizaje afectivo) 24
   b) Cualidades intelectuales individuales (aprendizaje cognitivo) 26
   c) Bienestar emocional (aprendizaje positivo) 29

2. Aprendizaje centrado en el objeto de conocimiento 32
   a) Situaciones históricas y sociales (aprendizaje social). 32
   b) Condicionamiento de la de conducta (aprendizaje moldeado) 34

3. Aprendizaje interacción sujeto objeto...................................35
    a) Medio social y capacidades cognitivas (aprendizaje significativo)......... 36
    b) Cualidades cognitivas y situaciones socio históricas
    (aprendizaje situacional) 38
Conclusión 40

III Dimensión didáctica...43
Introducción..43
1. Estrategias convencionales 46
    a) Estrategias individuales convencionales 46
    b) Estrategias grupales convencionales.. 49
2. Estrategias no convencionales 51
    a) Estrategias individuales no convencionales................................ 52
    b) Estrategias grupales no convencionales 54
Conclusión 58

IV Conclusiones... 63
Referencias bibliográficas 69

Índice de figuras

Figura, 0.1 Estructura general del trabajo..............................xviii
Figura, 1.1 Dimensión pedagógica... 2
Figura, 2.1 Dimensión psicológica 23
Figura, 3.1 Dimensión didáctica 45
Figura, 3.2 Estrategias de trabajo 57
Figura, 3.3 Fundamentos conceptuales del proceso
enseñanza aprendizaje... 60

AGRADECIMIENTOS

De manera especial se reconocen las sugerencias de la Dra. Josefina Sala Roca, profesora de la Universidad Autónoma de Barcelona, cuyas consideraciones coadyuvaron para incrementar la calidad de este producto, y a la vez, se agradecen sus consejos para propiciar que este trabajo fuera conocido y valorado por otro académicos, tanto en la comprensión del campo pedagógico y didáctico, como en el apoyo de la presente temática para orientar el quehacer docente en el ámbito de la educación superior o en otro nivel educativo.

De igual manera, se reconocen las atinadas opiniones del Dr. Enri Roca Casas, profesor de la Universidad Autónoma de Barcelona, para delinear esta publicación alrededor del proceso de enseñanza y aprendizaje en educación superior, y a la vez, asumir el reto de enfocarla a cuestiones propositivas e ir más allá de un tratamiento meramente conceptual.

Así mismo, se agradece al Dr. Osmar Juan Matsui Santana, jefe del Departamento de Ciencias Sociales, del Centro Universitario de Ciencias de Salud, de la Universidad de Guadalajara, por las facilidades y condiciones otorgadas para la realización de este trabajo.

PRÓLOGO

La presente obra muestra el interés por reflexionar y analizar las situaciones educativas. No todos tenemos el ánimo y el tiempo para pensar sobre este tipo de asuntos, sobre todo, cuando nos enfrentamos a un mundo que se caracteriza por la pérdida de interés para estudiar temas relacionados con las ciencias sociales y humanas. En la actualidad, existe una tendencia muy marcada hacia las cuestiones aplicativas y pragmáticas, y pocas muestras de preocupación por estudiar los problemas vinculados con el sentido de los acontecimientos humanos. Así, este trabajo se caracteriza por realizar un recorrido de los principales argumentos, producidos, principalmente en el siglo XX, para explicar y comprender algunas disciplinas desde las que se fundamentan y concretan la enseñanza y el aprendizaje en la educación superior.

Del conjunto de ideas y reflexiones incorporadas en este trabajo, sobresale el término dimensiones de la enseñanza aprendizaje, a manera de categorías explicativas utilizadas para acentuar el ángulo educativo de las disciplinas como la pedagogía, la psicología y la didáctica, desde las que se desprenden un conjunto de argumentos estructurados para explicar, comprender y aplicar diferentes aspectos de la enseñanza y el aprendizaje en la educación superior. Este tipo de acercamientos es necesario, sobre todo, cuando se incorporan nuevos abordajes de lo educativo, y que se presentan como originales, pero a la vez, distantes de las tradiciones académicas, de las que han sido y son parte.

Aunque parece a primera vista que el conjunto de argumentos o ideas vertidas a lo largo de la historia de la pedagogía, la psicología y a la didáctica, para explicar las situaciones educativas actuales ya "están desfasadas", y que ya no aportan elementos para entender los procesos educativos actuales; por el contrario en este trabajo se parte de reconocer que siguen vigentes, y que el análisis de los elementos que integran cada una de las dimensiones explicativas que las componen, permiten identificar el potencial explicativo comprensivo de las situaciones de enseñanza y aprendizaje en la educación superior.

Cabe mencionar, que las presentes dimensiones se ubican en la lógica del funcionamiento de las ciencias sociales, por lo que se reconoce la relatividad de sus propuestas y el conocimiento incompleto; como disciplinas sociales, son campos científicos abiertos, que incluyen múltiples posibilidades de interpretaciones, que generan nuevas explicaciones y propuestas o simplemente plantean nuevos caminos para encontrar resultados; es decir, el proceso de conocimiento no es lineal, ni superado, sino que permanece; las nuevas propuestas se suman a lo existente, por lo que se amplían la variedad de discursos y prácticas.

Aunque aparentemente el campo educativo se encuentra saturado, por la gran cantidad de argumentos alrededor de los asuntos educativos, llámese instrucción, currículum, diseño curricular o simplemente quehacer docente, el presente trabajo es una muestra del interés por reflexionar en torno a los temas relacionados con el ser humano.

Así, esta obra es un desafío tanto de las posiciones rígidas como para las perspectivas que se limitan a las situaciones aplicativas. Es un trabajo que pretende combinar ambas perspectivas, al acercar la reflexión conceptual y las cuestiones aplicativas.

Aunque se identifican tres apartados formales, en realidad son dos, el primero está dedicado a las cuestiones teóricas y conceptuales, y el segundo, enfatiza los aspectos propositivos y aplicativos. Así, el primer apartado contiene las reflexiones sobre las diferentes perspectivas que se tienen para explicitar los aportes de la pedagogía y la psicología a los procesos de enseñanza aprendizaje; en el segundo, se ubican algunos aportes de la didáctica para abordar las cuestiones más aplicativas de ambos procesos.

Esta separación aparente, tiene cierto sentido, dado que superficie y fondo son dos polos de la misma moneda, la enseñanza y el aprendizaje no se pueden apreciar sólo a la luz de sí mismas, requiere tomar en cuenta las situaciones aplicativas que aporta la didáctica. De igual manera, la didáctica con su lógica propositiva, no se puede entender por sí misma; para ubicar sus alcances y limitaciones, requiere el reconocimiento de los argumentos reflexivos que aportan la pedagogía y la psicología.

INTRODUCCIÓN

En el ámbito de la educación superior, es común encontrar cuestionamientos y dudas sobre la calidad de la formación profesional de alumnos y egresados; este tipo de cuestionamientos no son exclusivos de México, también se plantean en otros países. Recientemente estas interrogantes se han exacerbado en varios aspectos, a partir del incremento, entre otras cosas, de los flujos de comunicación y la organización de los mercados globales. En este clima de desconfianza de la calidad de la educación superior, no se ignora que, de alguna manera, las nuevas condiciones socioeconómicas y el acelerado desarrollo científico tecnológico, afectan las funciones sustantivas de las instituciones de educación superior; efectos que se aprecian a partir del auge en el uso de las Tecnologías de la Información y la Comunicación (TICs) en la enseñanza y el aprendizaje o el apogeo de las economías globales y las demandas de nuevas habilidades en el mundo del trabajo.

Estas innovaciones científico tecnológicas, a la vez que afectan las relaciones sociales y productivas, también generan nuevas exigencias a las IES para atender las nuevas situaciones, que implican entre otras cosas: la capacidad para adecuar las formas de comunicación de profesores y estudiantes con la dinámica académica; modernizar el equipamiento y la infraestructura acorde a las relaciones educativas; renovar los planes de estudio en función de las necesidades y exigencias sociales y laborales; o para incorporar las TICs en los diferentes ámbitos de la vida universitaria.

Sin restar importancia a las demás interrogantes sobre el desarrollo de la educación superior, en esta ocasión, solo se abordan algunos elementos que conciernen a la preparación pedagógica y didáctica de sus profesores. Al respecto, y ante las dudas–que existen sobre la preparación de los docentes, se plantea que los temas contenidos en este trabajo, se pueden apoyar los procesos de actualización docente, y por tanto, apoyar la función docente.

Así, a lo largo de la historia de la educación han surgido diferentes disciplinas como la didáctica[1], la pedagogía y la psicología; disciplinas que, en su conjunto, aportan diferentes ángulos para explicar, comprender y plantear propuestas para el quehacer docente, y desde los cuales, el docente se apoya para asumir su responsabilidad en mejores condiciones. En cada disciplina se encuentran argumentos desde los que consideran tener respuestas adecuadas, tanto conceptuales como propositivas, que se plantean como necesarias para conseguir "resultados óptimos" en este nivel educativo.

Sin embargo, a pesar de la gran cantidad de teorías y metodológicas formuladas para orientar el quehacer docente, en la actualidad aún persisten dudas de la preparación de los profesores, sobre todo, cuando la mayoría de los profesores de educación superior no recibieron una formación especializada para ser docente. Por lo mismo, subsiste la idea de que es más probable que el profesor de este nivel educativo "sea un experto en su materia", que "un especialista en pedagogía y didáctica".

Para enfrentar esta situación, en las últimas décadas se han implementado programas, diplomados y cursos de formación y

---

[1] No se ignoran las propuestas que conciben a la didáctica como el planteamiento educativo más original (Díaz Barriga, 1997) y completo (Martín, 1999), por abarcar consideraciones prácticas y apreciaciones teóricas y, por lo tanto, sugieren que para referirse a las cuestiones educativas generales como a las aplicaciones de estas, en todo momento se tendría que hablar didáctica. Aunque parezca una contradicción por el interés de recuperar las aportaciones educativas a lo largo de la historia de la educación, se piensa que no es el propósito de esta obra entrar en dicha discusión, por lo tanto, se asume el peso de la historia que ello conlleva, con lo que se dedica el término didáctica para las cuestiones aplicativas, y lo pedagógico se reserva a los aspectos reflexivos de la educación.

capacitación pedagógica y didáctica; sin embargo, se cuestiona si la asistencia a este tipo de actividades conlleva cambios en la práctica docente, duda que se incrementa, ante la formulación de modelos educativos, desde los que se incorporan nuevas directrices sobre los procesos de enseñanza y aprendizaje desde el ámbito de las políticas institucionales.

Ante la cantidad de cuestionamientos sobre la eficiencia del quehacer docente y las aportaciones disciplinares para entender las prácticas educativas, se plantea sistematizar, de manera puntual, los principales argumentos conceptuales y metodológicos, elaborados desde la pedagogía, la psicología y la didáctica, que se han propuesto orientar, y en ocasiones reorientar, la función docente en la educación superior.

Por lo mismo, se cree conveniente abordar las diferentes perspectivas educativas que han explicado, en distintas épocas, la enseñanza y el aprendizaje, con su gama de visiones para entender y explicar el acto educativo, y que, a la vez, sirven de apoyo, para que los profesores enriquezcan las diferentes posibilidades de enseñanza y aprendizaje en educación superior.

Para este abordaje, es importante señalar que no se desconoce que los docentes, de cualquier nivel educativo, antes que todo, son personas con experiencia e historia académica y profesional, que no parten de cero o que no requieren "deshacerse" de lo conocido y experimentado para incorporar nuevas actitudes y prácticas educativas. Por lo mismo, el docente no tiene que "desaprender para volver aprender", sino que tiene que adecuar el conjunto de saberes, lo que hace y cómo lo hace, a las nuevas situaciones y contextos académicos, culturales y profesionales.

También cabe mencionar que, este trabajo tiene de fondo la experiencia de los autores como profesores en el Centro Universitario de Ciencias de la Salud (CUCS), de la Universidad de Guadalajara (U de G). Centro en el que, desde hace más de quince años, se trabaja en los programas educativos de pregrado, planes de estudio por competencias profesionales, ocasión que ha suscitado nuevos discursos y propuestas metodológicas sobre el quehacer docente. Si bien, se han implementado cursos de formación pedagógica para conocer y comprender las implicaciones curriculares de este tipo de educación, también persiste la duda sobre sí los profesores enseñan desde el enfoque educativo planteado, o sí se ha cambiado el discurso sin alterar las prácticas docentes previas.

Por otra parte, si bien este trabajo está dirigido a los profesores, también se piensa que puede servir para los estudiantes en cuyo perfil de egreso se contemplan competencias educativas, como parte de sus cualidades como egresados; que incluyen saberes relativos a la enseñanza, al aprendizaje y la didáctica, como parte de su preparación para planear, organizar, implementar y evaluar acciones educativas en su futuro ejercicio profesional.

La información de este trabajo se analiza a partir de tres dimensiones[2] o grupos de argumentos explicativos y propositivos que orientan los procesos en la educación superior: I Pedagógica, que explica la enseñanza a partir considerar al docente y al alumno como ejes; II Psicológica, que aborda el aprendizaje desde la perspectiva de los alumnos, el objeto de conocimiento y la interacción sujeto objeto; y III Didáctica, que identifica las estrategias en enseñanza aprendizaje en convencionales y no convencionales. De esta manera, la multidimensionalidad

---

[2] El término dimensiones de la enseñanza y aprendizaje, tiene una connotación diferente a Marzano (2005), quien habla sólo de dimensiones del aprendizaje, en términos de un modelo teórico para definir el proceso de aprendizaje, en función de cinco tipos de pensamiento, que corresponden a cinco dimensiones del aprendizaje, que se toman en cuenta para el "aprendizaje exitoso" y "mejorar la calidad de la enseñanza y del aprendizaje en cualquier área del conocimiento". A diferencia de Marzano, en este trabajo, las dimensiones de la enseñanza y aprendizaje refieren a los argumentos empleados para explicar la enseñanza y el aprendizaje en los ámbitos: psicológico, pedagógico y didáctico. Desde esta lógica, se pueden reconocer más dimensiones como, por ejemplo, la epistemológica o la social, sólo que para los fines de este trabajo se dejan estas tres, que abordan directamente el proceso enseñanza aprendizaje.

se encuentra en la manera de abordar los procesos enseñanza aprendizaje, al considerar diversas alternativas para dar cuenta de la heterogeneidad de perspectivas conceptuales y propositivas de la enseñanza y el aprendizaje en la educación superior.

Así, con el término *Dimensiones*[3] *del proceso enseñanza aprendizaje en educación superior*, se plantea la necesidad de acercarse a la enseñanza y al aprendizaje en este ámbito educativo, desde una perspectiva multidimensional, al reconocer la variedad de argumentos y sugerencias prácticas que intentan orientar el quehacer docente.

Cabe decir que, en el tratamiento de los diferentes temas, más que analizar escuelas, corrientes o tendencias del pensamiento educativo, se presentan conjuntos de posibles explicaciones sobre la enseñanza y el aprendizaje; tampoco tiene como eje la presencia y aportaciones de estudiosos o personajes destacados en la historia de la educación; y mucho menos se apega a cronologías. Lo anterior, porque se considera más importante comprender las ideas, a manera de exposiciones conceptuales y procedimentales, que en términos, nombres o fechas.

Además, debido a la gran cantidad de información que se identifica en cada grupo de argumentos, en el presente trabajo, se toman en cuenta sólo aquellas categorías consideradas centrales, y que remiten tanto a las figuras del maestro y del alumno como al contendido de aprendizaje, así como a la relación que se establece entre ellas. De antemano se asume que se dejan fuera algunos elementos inherentes a las argumentaciones, como el contexto social y político; elementos que, si bien son importantes para

---

[3] Por dimensiones se entiende el conjunto de faces, aspectos, caras, capas, revestimientos o envolturas que contiene un fenómeno social u objeto de estudio en las ciencias sociales y humanas. De tal manera que, para conocer o entender los fenómenos u objetos, se tienen que considerar simultáneamente varias perspectivas y no quedarse con una sola versión de las cosas, por lo tanto, para conocerlos, se requiere tomar en cuenta la multidimensionaldad de matices, niveles o perspectivas.

una contextualización de las diferentes explicaciones, quedan al margen ante la delimitación planteada por los objetivos del presente trabajo.

Así, primero se hace una caracterización pedagógica y psicológica, y posteriormente, se muestra la variedad de procedimientos que se pueden implementar dependiendo del tipo de argumentación.

Finalmente, este trabajo se estructura a través de cuatro apartados que permiten hacer un recorrido de los diferentes argumentos a partir de las dimensiones reconocidas (Figura, 0.1).

Figura, 0.1 Estructura general del trabajo

Dimensiones del proceso enseñanza aprendizaje en educación superior						
I Dimensión pedagógica		II Dimensión psicológica			III Dimensión didáctica	
1. Enseñanza centrada en el docente	2. Enseñanza centrada en el alumno	1. Aprendizaje centrado en el alumno	2. Aprendizaje centrado en el objeto	3. Aprendizaje interacción sujeto objeto	1. Estrategias convencionales	2. Estrategias no convencionales
IV Conclusiones						

El primer apartado, *dimensión pedagógica*, tiene el propósito de identificar y describir la variedad de argumentos pedagógicos de la enseñanza en la educación contemporánea (Chateau, 2014 y Fullat, 2008), que promueven el aprendizaje de los alumnos en la educación superior. En el transcurso de la educación contemporánea se han elaborado principalmente dos grupos de argumentos, mientras unos enfatizan la función del maestro (docente mediador y administrador de la enseñanza), los otros se inclinan por los alumnos (con intereses y necesidades individuales, colectivas, transformadores de su realidad, creadores y recreadores del conocimiento, optimistas y felices). Por lo tanto, se piensa que comprender el desarrollo de la enseñanza en la actualidad, y en particular en la educación superior, es importante tener presente los argumentos pedagógicos que la han explicado.

En la segunda parte, denominada *dimensión psicológica*, su propósito es identificar y describir los principales argumentos sobre el aprendizaje, generados durante el desarrollo de la ciencia psicológica, y utilizados para orientar los procesos de enseñanza aprendizaje en la educación superior contemporánea. Se reconocen principalmente tres grupos de argumentos: el primero enfatiza el rol del alumno sobre el objeto de aprendizaje (aprendizaje afectivo, cognitivo y positivo); el segundo, plantea el predominio del objeto de aprendizaje sobre el sujeto que aprende (aprendizaje social y conductual); y el tercero, ubica en el mismo nivel de influencia, tanto las cualidades del sujeto como las del objeto de aprendizaje (aprendizaje significativo y situado). Así, para comprender las prácticas educativas actuales, predominantemente constructivistas, es importante tener presente las conceptualizaciones sobre el aprendizaje que fundamentan los procesos de enseñanza.

El tercer apartado, *dimensión didáctica*, refiere como las decisiones que toma el docente para promover el aprendizaje generalmente se apoyan en disciplinas que estudian la educación (Mialaret, 1981), de ellas, la didáctica, disciplina esencialmente propositiva, ha estado al lado del maestro desde su inició en el siglo XVII (Comenio, 1988; Díaz Barriga, 1997). La didáctica, al igual que otras disciplinas, es multidimensional, dependiendo del ángulo que toque, será el énfasis de sus planteamientos. Así, para cumplir su tarea, el docente puede implementar procedimientos convencionales o no convencionales; individuales o grupales; lineales, abiertos o mixtos; rígidos, flexibles, o semiflexibles; ordenados lógicamente o caóticos. Del énfasis puesto en la didáctica serán las consecuencias formativas de los alumnos, éstos pueden formarse para trabajar en lo individual, seguir indicaciones y asumir responsabilidades; estar capacitados para trabajar en equipo, actuar en conjunto, ser creativos, imaginativos y con pensamiento crítico; o adquirir cualidades para trabajar tanto en lo individual como en lo grupal.

A su vez, en las *conclusiones*, se hacen algunas consideraciones sobre la conveniencia de poseer categorías explicativas, a manera de argumentos interpretativos, para dar cuenta de las situaciones de enseñanza y aprendizaje en la educación superior; y además, se plantean propuestas de mejora para incorporarlas como referentes del trabajo en el aula.

I

Dimensión pedagógica

Introducción

En la actualidad es común dudar de la misión de las universidades, sobre todo, de la capacidad las Instituciones de Educación Superior (IES) para adecuarse a las nuevas situaciones de enseñanza y aprendizaje que se desprenden de las demandas sociales actuales, duda que se extiende a la capacidad para cumplir adecuadamente con sus funciones sustantivas y, por lo tanto, también hacia la preparación que reciben los estudiantes.

Este tipo de apreciaciones generalmente ignoran los argumentos pedagógicos y didácticos que se han elaborado, a lo largo de la historia de la educación superior, para orientar los procesos de enseñanza aprendizaje. Si bien, en la actualidad existen nuevas perspectivas explicativas, sobre todo, derivadas de los ambientes virtuales y digitales, es importante no suponerlas como las únicas que dan respuesta a los problemas actuales.

Esta manera de ver los problemas no ignora que, en la actualidad existe un interés por enfatizar las cuestiones aplicativas y pragmáticas, y hasta cierto punto parcial, que se traduce en un desinterés por considerar otros puntos de vista. Con base en ello, este trabajo plantea, desde una concepción amplia, realizar un recorrido de los principales argumentos producidos, principalmente en el siglo XX, para explicar y comprender las diferentes expresiones pedagógicas sobre la enseñanza en educación superior.

Así, con esta dimensión se incorporan argumentos que pretenden explicar, comprender y orientar las situaciones de enseñanza para promover el aprendizaje; en ella se identifican tres elementos: el docente, quien comúnmente se le relaciona con las actividades de enseñanza; el alumno, quien realiza los aprendizajes, y los contenidos curriculares, como objeto de conocimiento que se pretende promover.

De la combinación de estos tres componentes, se identifican principalmente dos grupos de argumentos que se proponen explicar y orientar la enseñanza para promover el aprendizaje de los alumnos: 1. Enseñanza centrada en el maestro y 2. Enseñanza centrada en el alumno. El primer grupo, alrededor del maestro, se subdivide en dos tipos: a) docente mediador (educación tradicional) y b) docente administrador de la enseñanza (tecnología educativa); por su parte, el segundo grupo, centrado en el alumno, se subdivide en cinco tipos: a) alumnos con intereses y necesidades individuales (educación nueva), b) alumnos con intereses y necesidades colectivas (pedagogía institucional); c) alumnos que aprenden y transforman su realidad social (pedagogía liberadora); d) alumnos que crean y recrean el conocimiento (constructivismo educativo) y d) alumnos optimistas y felices (educación emocional) (ver Figura, 1.1).

Figura, 1.1 Dimensión pedagógica

Dimensión pedagógica					
1. Enseñanza centrado en el docente		2. Enseñanza centrado en el alumno			
a) Docente mediador (educación tradicional)	b) Docente administrador de la enseñanza (tecnología educativa)	a) Alumnos con intereses y necesidades individuales (educación nueva)	b) Alumnos con intereses y necesidades colectivas (pedagogía institucional)	c) Alumnos que transforman su realidad social (pedagogía liberadora)	d) Alumnos que crean y recrean su conocimiento (constructivismo pedagógico)
		e) Alumnos optimistas y felices (educación emocional)			

1. Enseñanza centrada en el docente

En esta dimensión la función docente adquiere un rol importante para lograr el aprendizaje. Al predominar la participación del maestro sobre los alumnos y los contenidos curriculares, a la vez que lo convierten en una figura primordial y decisiva, también adquiere mayor responsabilidad frente a los éxitos o fracasos educativos. A continuación, se presentan los argumentos que consideran al docente como eje principal del proceso de enseñanza aprendizaje.

a) Docente como mediador (educación tradicional)

> "Enseñe todo conforme a la capacidad, que aumenta
> con la edad y adelanto de los estudios"
> (Comenio, 1988: 78).

En este tipo de argumentos, el docente es la figura central de la relación educativa (Palacios, 1989). Es responsable de los contenidos curriculares a estudiar, de las formas de enseñar, de la disciplina en el aula y de la evaluación de los alumnos.

Al adjudicarle la responsabilidad al maestro de qué y cómo enseñar, ésta también se traduce en exigencias: por un lado se le otorga la autoridad para decidir sobre los contenidos de enseñanza y, al mismo tiempo, se espera tenga el conocimiento y comprensión de las disciplinas que enseña; se confía en su capacidad para elegir los procedimientos para transmitir los conocimientos y, al mismo tiempo, se espera que posea una preparación para adecuar el contenido disciplinar a las características de los alumnos (Snyders, 1974).

Así, al ubicar al docente como mediador o figura de enlace entre los alumnos y el contenido de aprendizaje, el docente es percibido como alguien que sabe y domina los contenidos de enseñanza, y los pone al alcance de los alumnos mediante una serie de actividades didácticas originales e imaginativas: "El maestro es un mediador entre el alumno y los modelos; le presenta los modelos; hace vital, tangible, seductora la presencia de los modelos; le ayuda a realizar en sí mismo, las condiciones favorables para el encuentro...(con ellos)" (Snyders, 1972: 35).

La preocupación por adecuar los conocimientos a las características de los alumnos plantea la necesidad de disponer de un método de enseñanza, que se aplique a todo tipo de materias: "Hay un solo y mismo método para enseñar las ciencias: uno sólo y el mismo para todas las artes; uno sólo e idéntico para todas las lenguas" (Comenio, 1988: 81). Un método que permita ir de lo conocido a lo desconocido, de lo fácil a lo difícil, de lo general a lo particular; en fin, un método que sirva para enseñar a todos por igual, que sea gradual y ayude a adecuar los contenidos de enseñanza de acuerdo con las características intelectuales de los alumnos (Snyders, 1974).

De tal manera que, los procedimientos de enseñanza motiven a los alumnos, incrementen el interés por los estudios y los conduzca en el aprendizaje: "El método de enseñar debe disminuir el trabajo de aprender de tal modo que no haya nada que moleste a los discípulos ni los aparte de la continuidad de los estudios" (Comenio, 1988: 74).

Los alumnos asumen que el docente sabe lo que hace y a ellos les corresponde seguir sus indicaciones. Confían plenamente en los propósitos y procedimientos que el docente establece, por lo que aceptan las actividades que les plantea. Los aprendizajes de los alumnos están en función de las acciones del docente; a decir de Aebli (1958): "Aprender significaría en tal caso para el alumno <tomar una copia> de la explicación del maestro..." (p. 16 y 17). De ahí que se reconozca a este tipo de enseñanza como sensual y empírica o la educación por los objetos: "No se debe enseñar nada por la mera autoridad, sino que todo debe exponerse mediante la demostración sensual y racional" (Comenio, 1988: 87).

Mientras el docente realiza demostraciones para que los alumnos aprendan los contenidos, los alumnos aprenden para desarrollarse en la vida: "... se desarrollará en los espíritus una extraordinaria actividad y deseo de aprender y se desarrollará gran facilidad para tratar con intrepidez cualesquiera asuntos serios delante de mucha gente; esto es, en la vida, de una importancia y utilidad suma" (Comenio, 1988: 92).

b) Docente administrador (tecnología educativa)

> "... es el desarrollo de técnicas sistemáticas y acompañantes de conocimientos prácticos para diseñar, medir y manejar colegios (escuelas) como sistemas educacionales"
> (Gagñé, como se cita en Rodríguez y Zapata, 1985).

Si bien en este tipo de argumentos se encuentran supuestos convencionales de la tecnología educativa[4], sobre la forma de organizar la enseñanza, también se ubican propuestas menos convencionales. Así, en la versión convencional, se sugiere que docentes y alumnos tengan una participación precisa y regulada, para propiciar el logro de los resultados esperados; para ello se apoyan en argumentos mecanicistas, derivados del conductismo, la teoría de sistemas y la teoría de la comunicación, (Díaz Barriga, 1997; Maggio, 2000). Por otra parte, una posición diferente considera relaciones maestro alumno más flexibles, a través de comunicaciones bidireccionales; combina elementos de la

---

[4] Aunque las nuevas tecnologías de la comunicación como la computadora o el celular se apoyan para la enseñanza en plataformas digitales que le aporta el Internet, el Facebook, chats o Messenger; estas tecnologías para la enseñanza o medios para la enseñanza no son exclusivas de la tecnología educativa, las pueden usar todas las tendencias pedagógicas. Sin embargo, cabe mencionar que no son sinónimos los términos tecnología para la educación y tecnología educativa; mientras la tecnología para la educación considera los medios, aparatos o herramientas digitales que apoyan la enseñanza; la tecnología educativa, es una propuesta que considera una serie de procedimientos para organizar, implementar y evaluar la enseñanza.

tecnología educativa, con argumentos cognitivos y psicoevolutivos (Sarramona, 1990; Sarramona, 1994).

Así, en la versión clásica de la tecnología educativa, la técnica se plantea como método que impone las condiciones de participación de maestros y alumnos. La planeación ocupa un lugar muy importante, lo planeado es un insumo que debe ser redactado con "precisión, de manera objetiva y con referentes observables"; que no permita distintas interpretaciones, de tal manera que se implemente al "pie de la letra", para evaluar sus resultados en función de los "objetivos operativos" formulados.

En este caso, el maestro no necesita conocer la pluralidad de teorías de la enseñanza y del aprendizaje, le basta dominar la técnica o "lógica administrativa" y estar al corriente en las tecnologías de la comunicación y la información. Por su parte, el alumno debe seguir los pasos que se le indican y cumplir con las actividades señaladas.

En la versión menos convencional, sin distanciarse de la lógica administrativa, se propone usar la técnica de manera "científica", en función del tipo de problemas que se pretendan atender y del momento histórico por el que se pasa. Según Sarramona (1994), a través de la tecnología educativa se reflexiona sobre el uso de la técnica ante los problemas educativos, y se justifica de acuerdo con el tipo de ciencia que predomina en cada momento histórico.

En este último caso, el docente aparece como un sujeto capacitado para implementar formas de trabajo más variadas como los "modelos instruccionales", pero sin dejar de planear sus actividades con precisión y detalle. Por su parte, el alumno se concibe como un sujeto que, con cierto grado de maduración intelectual, puede "autorregular" su proceso educativo, mediante el autocontrol y la autoevaluación (Sarramona, 1990).

Así, mientras la manera convencional enfatiza el funcionamiento de la escuela en aras de alcanzar lo planeado, y tanto maestros como alumnos dependen de planes y programas de estudio "rigurosos", que definen cómo deben desempeñar su papel; en la manera menos convencional, aunque se espera mayor participación de maestros y alumnos en la decisión sobre las actividades de enseñanza y de aprendizaje, en el fondo, ambas posiciones son muy similares. Ello se puede apreciar a través de las "características epistemológicas" que se le adjudican a la tecnología no convencional, tales como: racional, sistemática, planificada, con claridad de metas, control, eficacia y optimización (Sarramona, 1990).

La tecnología educativa ha generado una variedad de perspectivas que van desde aquellos que se identifican con sus principios (Chadwik, 1983), por ser una opción para promover la eficiencia de los procesos de enseñanza aprendizaje; pasando por autores como Díaz Barriga (1997), Maggio (2000) y Fullat (2008), quienes la cuestionan y desconfían de sus bondades; y existen aquellos que la valoran como pertinente (Arnaz, 2016; Gago, 1985; Sarramona, 1990), y que se le puede utilizar para la mejora de los sistemas educativos.

Si bien, las propuestas de la tecnología educativas generaron gran cantidad de productos académicos, a favor y en contra, su impacto en el terreno pedagógico y didáctico motivó el interés por entender y atender, diferentes maneras de enseñar y promover el aprendizaje escolar.

Actualmente, la tecnología educativa, "en su versión posmoderna" (García, 2013), se entiende como una forma de enseñanza que se apoya en los recursos de las diferentes ciencias y técnicas como la física, la ingeniería, la pedagogía y la psicología; y cambia de acuerdo con el desarrollo de las tecnologías de la información y la comunicación, en consonancia a los cambios sociales, políticos y culturales.

2. Enseñanza centrada en el alumno

Al convertir al alumno en la figura predominante del aprendizaje escolar, se le adjudica un papel central en la dimensión pedagógica.

Esta confianza en su participación, lo convierte en el sujeto que, además de aprender los contenidos, también decide su vida escolar y su futura vida socio profesional. La interacción con el maestro y los contenidos curriculares, la realiza desde tres diferentes particularidades: individuales, grupales y colectivas.

a) Alumnos con intereses y necesidades individuales
(educación nueva)

> "La buena escuela activa no se caracteriza solo porque lleve a los alumnos a hallar por sí mismos las ideas nuevas... sino porque los incita a verificar por sí mismos la fidelidad, la objetividad de su trabajo independiente"
> (Kerschensteiner, como se cita en Aebli, 1958: 45).

En esta perspectiva, se argumenta que el aprendizaje del alumno es el resultado de su participación, de su autoformación y espontaneidad (Palacios, 1989). Por lo mismo, se tiene plena confianza en las acciones y en las experiencias personales como generadoras de nuevos conocimientos; se argumenta que sin la intervención activa de los alumnos no se propicia un aprendizaje duradero.

Aunque existen varios matices en los argumentos que conciben la actividad de los alumnos como indispensable para el aprendizaje, todos consideran que la persona que aprende es quien debe actuar y descartan que el conocimiento se adquiera desde el exterior: "El niño ha de hacer su propio trabajo..." (Montessori, como es citado en Standing, 1986: 15), si bien lo acompañan en su proceso, se debe evitar cualquier participación que obstaculice su desarrollo.

De esta manera, el alumno es más dueño de sí mismo. Lo que aprende depende de sus intereses y necesidades personales, lo hace para una satisfacción propia y no para su posterior utilización, para darse gusto y responder a sus deseos (Snyders, 1974).

Por lo mismo, esta participación del sujeto que aprende no es una actividad externa u objetiva, sino más bien, una actividad intelectual y "propia"; una "actividad espontanea del intelecto humano", en donde el alumno debe aprender por sí mismo, como una especie de "autoeducación" (Standing, 1986).

Si bien el maestro no le ayuda o motiva directamente, y se hace a un lado para "no estorbar", siempre "permanece atento" para facilitarle el ambiente de aprendizaje adecuado y proporcionarle los materiales didácticos que coadyuven a su libertad creadora. Así, el maestro asume el papel de guía o facilitador, su papel es como un espectador, pero sin llegar a ausentarse del entorno del alumno, sólo participa cuando éste lo necesita (Palacios, 1989 y Standing, 1986). Al permitir la participación del alumno, a éste se le otorga la posibilidad de promover la actividad mental y creadora.

Dado que la investigación es el procedimiento por excelencia para construir conocimientos, el proceso de investigación se convierte en una de las formas para promover el desarrollo intelectual. Esto viene a modificar la función del docente (Dewey y Claparede; citados por Aebli, 1958), quien para realizar su tarea de guía requiere, además de conocer las características psicológicas de los alumnos, estar al tanto de los principales momentos por los que transcurre la investigación.

Al otorgarle la confianza para aprender, también se le otorga la confianza para ser libre, para ser alegre, e intensificar sus experiencias. Tanto se confía en el alumno, que se le reconoce como un ser que, si bien puede carecer de conocimientos, se confía en que puede desearlo: "… no es el hecho de que no sepa, es el hecho que desea saber, de que quiera llegar a ser algo más" (Claparede, como se cita en Snyders, 1974: 61).

En resumen, la plena confianza en el alumno y sus deseos de aprender son la base de su desarrollo intelectual; se confía y acepta que sus intereses y necesidades también orientan su aprendizaje. Lo que dice, hace o piensa es importante, no se le imponen actividades, ni programas escolares. Vive en libertad plena para ser original y alegre. Esta confianza en el alumno se extiende al grupo-clase (Palacios, 1989).

Por su parte, el maestro deja de ser el representante del mundo exterior y se convierte en un guía que está obligado a respetar al alumno y a tomarlo seriamente en cuenta; su papel es auxiliar el desarrollo libre y espontaneo del alumno (Palacios, 1989).

b) Alumnos con intereses y necesidades colectivas (pedagogía institucional)

> "El principio consiste en colocar en manos de los alumnos todo lo que es posible... el conjunto de la vida, las actividades y la organización del trabajo..." (Lobrot, 1974: 296).

Desde una concepción de la psicosociología grupal, este argumento pedagógico, reconoce la influencia del grupo de alumnos en el aprendizaje escolar. Estas explicaciones combinan las experiencias personales, la participación grupal y las inquietudes políticas y sociales (Hess, 1976; Lapassade y Loureau, 1973; Lobrot, 1974); y se asume que el aprendizaje debe realizarse sin ninguna presión e imposición.

Este tipo de argumentos trasciende la imagen de institución, tal y como se conoce. Bajo esta perspectiva, la institución puede ser referida como el conjunto de personas reunidas en un lugar, con ciertos propósitos, bajo ciertas reglas de participación, y como espacio de participación en donde se mueve un "conjunto de fuerzas" (Lapassade y Loureau, 1973). De esta manera, cualquier grupo de personas, que cumpla con estas características se puede asumir como institución.

Loureau (como se cita en Palacios, 1989) reconoce que la institución es el resultado de la confrontación entre las "normas instituidas" (condiciones establecidas) y las "fuerzas instituyentes" (situaciones en movimiento), que tienden a negarse mutuamente, pero que la definen: "Lo instituyente es la instancia complementaria y opuesta de lo instituido, y de la relación dialéctica entre ambas instancias surgirán los procesos de cambio…" (Palacios, 1989: 250).

Lo importante no es decidir qué y cómo estudiar, sino el para qué se estudia, con lo que se resalta el carácter político de la institución. El acto educativo es un acto político, se aprende para transformarse a sí mismo y al medio que le rodea; entorno que, si bien puede ser modificado, es el resultado de la participación de los alumnos como personas y como grupo (Palacios, 1989).

Así, el alumno como un sujeto social, al concebirse en institución, asume el poder para decidir sobre su vida y su contexto. Si bien los alumnos no están sometidos al poder del maestro y a las exigencias "burocráticas", no por ello carecen de disciplina y de ciertas normas; al igual que deciden sobre los contenidos de enseñanza aprendizaje, también deciden sobre el comportamiento y regulación al interior del grupo.

Se dejan de lado las actitudes paternalistas del aprendizaje, en donde los alumnos esperan que el maestro decida por ellos. Para que el maestro participe en las tareas del grupo, el grupo debe asumir la autodirección de este, y superar momentos de incertidumbre y angustia, que se propician ante la no participación inicial del maestro.

Por lo mismo, la figura del docente convencional que dirige y somete a los alumnos, cede su autoridad al grupo para que se autogobierne; así, el docente se incorpora al grupo para decidir y gestionar, en colectivo, sobre los intereses y formas de participación.

El maestro, al dejar el papel convencional y burocrático, asume el rol instituyente y propicia que los alumnos también se conviertan en sujetos instituyentes, generadores de su presente y futuro. El docente, mediante el silencio, favorece la transferencia del poder hacia los alumnos, quienes se autogestionan y se convierten en un grupo independiente, autónomo y creativo (Palacios, 1989).

En lugar de imponer y someter, el papel del docente institucional es propiciar la confianza para que los alumnos actúen en lo personal y grupal. De esta manera el docente "se convierte en un instrumento en manos de los alumnos, que pueden según los casos, utilizarlo poco o, por el contrario, pedirle explicaciones, que precise ciertos puntos, que intervenga en las discusiones con ellos, etc." (Lobrot, 1974: 267).

c) Alumnos que transforman su realidad social (pedagogía liberadora)

> "Nadie educa a nadie, nadie se educa a sí mismo, los hombres se educan entre sí con la mediación del mundo"
> (Paolo Freire, 1990: 85).

Aunque esta propuesta pedagógica no se construyó pensando en las situaciones educativas formales, sino más bien en contextos educativos no escolarizados, se incorpora en este apartado, dado que es una propuesta pedagógica que frecuentemente se menciona, y algunos planteamientos se aplican, en la educación formal. Sobre todo, se incorpora porque entre sus argumentos, sostiene que el sujeto que aprende juega un rol determinante en la adquisición de conocimientos.

Supone que las personas tienen dificultades para ubicarse "en y con el mundo", y que es a través de la educación que las personas pueden convertirse en seres humanos conscientes y preparados para manejar sus condiciones sociales:

> "La educación que se impone a quienes verdaderamente se comprometen con la liberación no puede basarse en una comprensión de los hombres como seres "vacíos" a quien el mundo "llena" con contenido; no puede basarse en una "conciencia" especializada, mecánicamente dividida, sino en hombres como cuerpos consientes y en conciencias como *conciencia* intencionada al mundo" (Freire, 1990: 84).

A través de la conciencia intencionada o "conciencia crítica", el hombre se libera de sus limitaciones culturales y de los contenidos carentes de significado. Se convierte en un sujeto cognoscente, capaz de captar la "realidad concreta", y reconocer la relación de los hechos y las circunstancias que la propician.

El sujeto cognoscente mediante la praxis, "que implica la acción y la reflexión de los hombres sobre el mundo para transformarlo", va más allá de la "conciencia ingenua", que en el afán de dominar la realidad distorsiona los hechos; y de la "conciencia mágica", que actúa sin voluntad, simplemente se deja atrapar por los acontecimientos (Freire, 1978). En este sentido, los educandos deben asumir una praxis en su educación, mediante una crítica liberadora, y así, evitar la reproducción de una sociedad de opresores y oprimidos (Fullat, 2008).

Esta propuesta educativa no reconoce la ignorancia total o la sabiduría completa, supone que las personas, por el hecho de estar en el mundo, tienen cierto conocimiento, por lo que, a la vez que aprenden también pueden enseñar lo que saben; así, la figura de maestro convencional, distanciado del grupo, se desdibuja y se incorpora al grupo de aprendices o educandos.

La función del maestro no es fija, cualquier integrante del grupo, dependiendo de la complejidad del problema, puede asumir el rol de maestro. Así, el maestro puede conocer más un tema, pero a la vez desconocer otros aspectos, con lo cual se acepta que el maestro también es alguien que puede aprender de los demás, de ahí la idea del docente como un "educador educando", o en otras palabras, al superar la diferencia entre maestro y alumno, ambas funciones son parte de una misma persona. "De este modo, el educador ya no es sólo el que educa sino aquel que, en tanto educa, es educado a través del diálogo con el educando, quien, al ser educando, también educa" (Freire, 1990: 85).

Así, por un lado, se trasciende la distancia entre maestro y alumnos, y por otro lado, también supera la dicotomía entre contenidos y procesos de enseñanza aprendizaje. A decir de

Freire (1990), a través de la comunicación dialógica, educador y educandos, como sujetos cognoscentes, reflexionan sobre los problemas o contenidos de enseñanza, no como objetos de conocimientos que son propiedad de alguien, sino como medios para alcanzar una mayor concientización para liberarse de las condiciones de opresión: "Mediadores son los objetos cognoscibles que, en la práctica bancaria, pertenecen al educador quien los describe o los deposita en los pasivos educandos" (p. 61).

d) Alumnos que crean y recrean el conocimiento (constructivismo pedagógico)

> "...en el momento actual, el constructivismo sigue siendo más una convergencia de principios explicativos... que una teoría en sentido estricto de los procesos de enseñanza aprendizaje" (Coll, 2000: 15 y 16).

El conjunto de argumentos que conciben el aprendizaje escolar como construcción cognitiva de conocimientos, otorga al alumno una participación determinante; en ella se incorpora una visión novedosa respecto a la interacción de alumnos, maestros y contenidos de enseñanza aprendizaje. El conjunto de argumentos del constructivismo psicológico, se convierten en referentes del constructivismo educativo, que subraya la participación del alumno en la generación del aprendizaje escolar.

En el constructivismo educativo, al igual que el psicológico, también sobresalen posiciones respecto a la participación de los alumnos en el aprendizaje escolar: por un lado, las que enfatizan las cualidades cognitivas individuales; por otro lado, las que destacan las condiciones culturales y sociales; y como punto intermedio, las que resaltan la participación conjunta de las cualidades cognitivas individuales y de las condiciones del medio cultural y social.

El énfasis de alguno de estos elementos tiene implicaciones en la interacción de las tres figuras del aprendizaje escolar: el maestro, el alumno y los contenidos de enseñanza aprendizaje. Por un lado, se confía en las cualidades de los alumnos para que trabajen a su ritmo, y por su cuenta, que estudien y aprendan lo que les interesa y estén preparados cognitivamente para lograrlo; por otro lado, se les puede "inducir" el aprendizaje, mediante las actividades y los contenidos que deben adquirir; o se considera simultáneamente sus cualidades personales, las condiciones culturales que les rodean y el significado que le otorguen a los conocimientos.

Al resaltar las cualidades individuales, los procesos cognitivos determinan las posibilidades de incorporar los nuevos conocimientos, es decir, son las características intelectuales de los alumnos, capacidades de asimilación, acomodación, y reequilibración, las que determinan las posibilidades de "crear y recrear" los nuevos conocimientos. El alumno desarrolla condiciones estructurales (estructuras cognitivas) para seguir aprendiendo.

Por otro lado, al destacar los elementos culturales y sociales (de los cuales forma parte el alumno), como determinantes del aprendizaje escolar, el medio social y el mismo alumno, son determinantes para construir los nuevos conocimientos. De esta manera, el alumno como parte del medio, al mismo tiempo que aprende, también puede incidir en las condiciones sociales y culturales.

Por su parte, al otorgarle importancia tanto a las cualidades cognitivas de los sujetos como a las características del entorno, se pretende que los conocimientos, a la vez que despiertan el interés de los alumnos, también le sean significativos y útiles.

Mientras en la primera acepción del constructivismo individual, el maestro se preocupa por promover el desarrollo de las estructuras cognitivas de los alumnos, pasando de una menor a una de mayor complejidad; en la segunda versión, el maestro se interesa por despertar las potencialidades de los alumnos que les permita transformar y reorganizar su situación cognitiva, y no solo ser receptores de instrucciones; en la tercera versión, el maestro se preocupa por establecer los puentes cognoscitivos, para facilitar el aprendizaje significativo y la reconstrucción de una mayor cantidad de conocimientos.

Así, para que ocurra un mayor aprendizaje, tiene que tomarse en cuenta: a) la participación simultánea del alumno, con sus cualidades biológicas e intelectuales; b) el contexto histórico cultural, con sus circunstancias contextuales para la inserción de los sujetos; y, por último, c) el sentido y significado de la información que influye en el propio sujeto que aprende.

En síntesis, no existe una sola posición constructivista, existe una pluralidad de perspectivas, que dan la pauta para implementar una variedad de posibilidades didácticas, sin perder de vista que, con la ayuda del docente, es el alumno quien crea y recrea el conocimiento, al otorgarle significado a los contenidos escolares que aprende (Coll, 2000).

Por lo mismo, existe una gran cantidad de autores como Bellocchio (2010), Díaz Barriga y Hernández (2002), García, (2013), Taberosky (2000), Tovar (2001) y Zubiría (2004), por mencionar algunos, quienes consideran que el constructivismo tiene propuestas para orientar los procesos de enseñanza aprendizaje en los diferentes niveles educativos y reconocen estrategias concretas para la enseñanza de una gran cantidad de ciencias y disciplinas.

e) Alumnos optimistas y felices (educación emocional)

"… si se le enseña a la gente a
responder activamente
y de forma constructiva
cuando alguien que les importa tiene una victoria,
aumenta el amor y la amistad
y disminuye la probabilidad de depresión."
(Seligman, M. 2009)

Aunque se dice que la psicología positiva se encuentra en construcción (Mariñelarena, 2012), es común encontrar, en todos los niveles educativos, actividades realizadas en su nombre. Si bien en este momento no argumentos pedagógicos específicos para explicar la "educación emocional"; se puede decir que los rasgos educativos señalados por esta perspectiva tienen su antecedente en los argumentos de enseñanza y el aprendizaje que enfatizan la relación educativa alrededor de alumno. Este planteamiento se encuentra en Sánchez (2010), quien sugiere que las "aplicaciones educativas" de la psicología positiva se apoyan en las aportaciones de la "pedagogía contemporánea"; concepción pedagógica que, para fines de este trabajo (como antes se señaló), coincide con los planteamientos que centran la enseñanza alrededor del alumno.

Sánchez (2010), se remonta a Rousseau para enfatizar las cualidades positivas en la educación. El argumento rousseauniano de la "educación por la naturaleza", se identifica con la imagen positiva y optimismo del alumno, vinculada a la felicidad del individuo, entendida ésta como el estado emocional al que se aspira mediante el aprendizaje. En los planteamientos de Rousseau, se reconocen tanto los sentimientos positivos como los negativos, pues sugiere que, así como los afectos positivos acercan a la felicidad, los negativos ponen en riesgo el optimismo, y por tanto la felicidad, por lo que éstos últimos tendrían que evitarse en los procesos educativos (Rousseau, 1989).

Los planteamientos rousseaunianos son antecedentes de las propuestas de la educación nueva, que sugieren, entre otras cosas, que los elementos, que favorecen el aprendizaje son la experiencia, el interés, la libertad, el antiautoritarismo y la cooperación entre iguales; cualidades educativas muy parecidas a las cualidades emocionales resaltadas por la psicología positiva, que recalcan la felicidad y el optimismo, como elementos de la "vida saludable" (Sánchez, 2010).

Así, los sentimientos de optimismo, felicidad, libertad, respeto y tolerancia, que adquieren sentido y significado en función del sujeto que aprende, también pueden coadyuvar en las cualidades emocionales, necesarias para una "vida plena". Desde esta perspectiva educativa, se promueve el optimismo de los alumnos frente a la diversidad de situaciones que enfrenta, se le otorga confianza y credibilidad hacia sus actividades, y a su vez, se le hace sentir un ser único y especial, que lo acerca a la "felicidad".

En síntesis, el aprendizaje grupal de la nueva educación, que se caracteriza como un proceso de conocimiento individual, colectivo, en equipo, optimista y feliz, es un antecedente del aprendizaje emocional, que deja de entenderse como un acto individual y egoísta, para convertirse en un acto entre personas, colectivo, de grupo y de equipo.

Conclusión

Al revisar los diferentes argumentos pedagógicos que se han construido a lo largo de la historia de la educación contemporánea, se aprecia que no ha existido, ni existe, solo un tipo de explicaciones que aporte todas las respuestas a los procesos de enseñanza y aprendizaje de docentes y alumnos.

A simple vista, pareciera que el constructivismo educativo es la mejor opción, dado que es una perspectiva de actualidad. Sin embargo, no se puede identificar una sola propuesta como la que aporte los mejores resultados. La elección no es fácil, participan varios elementos que repercuten en los resultados.

La elección de los fundamentos pedagógicos desde los cuales orientar el proceso educativo, puede en algunos casos identificarse a través de una propuesta oficial, contenida en un modelo educativo, en la fundamentación de algún programa, en los fundamentos de un proyecto o de un área determinada o incluso toda la dependencia educativa. Sin embargo, la realidad está dada por las prácticas educativas de los docentes, ellos toman las decisiones al interior de las aulas y son quienes determinan el tipo de argumento pedagógico que les parece más adecuado para sus prácticas educativas. En este sentido, se ha encontrado que independientemente de los entornos institucionales, los maestros adoptan los argumentos pedagógicos en función de la evolución de sus prácticas docentes (Callejas, Blanco, Ladino, Tuay y Ochoa, 2017)

Entonces, ¿cuál es el mejor argumento pedagógico para fundamentar las prácticas educativas? El mejor argumento es con el que se identifica el maestro y en función del cual establece su práctica docente. Lo anterior es similar a la pregunta que se hacen los padres sobre la mejor manera para educar a sus hijos, en donde la respuesta está en función del modo de ser y pensar de los padres, y no depende de la más elaborada, progresista, abierta, etc. Así, el mejor argumento pedagógico es aquel que se adecua a las características de los docentes y a las formas de ser y pensar.

Para este trabajo, la posición que se asume sobre la enseñanza y el aprendizaje en educación superior se acerca al grupo de explicaciones que considera que el aprendizaje se relaciona con la participación de los alumnos en los ámbitos individual, grupal y social. De igual manera, se reconoce la presencia del docente en el proceso formativo de los alumnos y que su participación es importante para el logro de los aprendizajes, por lo tanto, se puede decir que su participación es indispensable.

Si bien, el docente, en algunas situaciones, puede no estar físicamente, este se puede expresar a través de las condiciones en las que se suscita el aprendizaje, como los materiales didácticos, los documentos de análisis que propone a los alumnos para abordar algún contenido, los manuales de procedimientos que orientan las prácticas o las plataformas digitales sobre las que plantea diversidad de actividades.

Por lo tanto, se puede decir que, si bien, el aprendizaje en educación superior se debe, en buena parte, a las características cognitivas y sociales de los alumnos, en el logro de este aprendizaje también aparece el quehacer de los docentes, quienes, con sus formas de trabajo, establecen condiciones para que el alumno sea más o menos participativo en la adquisición de conocimientos. Sin embargo, estas formas de relación del docente con los alumnos se concretan a partir de las diferentes actividades de enseñanza aprendizaje, que se realizan en lo individual o en lo grupal.

II

Dimensión psicológica

Introducción

El aprendizaje, como una de las cualidades del ser humano, se ha explicado por infinidad de estudiosos a lo largo de la historia de la educación; sin embargo, hasta el momento no existe una explicación única, es un tema que, al igual que en otros asuntos tratados desde las ciencias sociales, se encuentran varias interpretaciones. Al respecto, se continúa investigando y reflexionando para establecer los argumentos de "cómo se aprende" o "cómo aprender mejor", y así proponer procedimientos que van desde la estimulación en el seno familiar, incorporar formas específicas en la relación educativa entre maestros, alumnos y conocimientos, hasta sugerencias para incrementar la capacidad para "asimilar" mayores cantidades de información.

En diferentes ámbitos científico disciplinares como la filosofía, la psicología y la pedagogía, se han originado gran cantidad de argumentos[5] para explicar el aprendizaje. Dependiendo de los

---

[5] El término argumento tiene que ver con la posibilidad de encadenar una serie de conceptos para explicar un acontecimiento, sin que sea la única forma de explicación; así, existen tantas explicaciones como posibilidades de argumentación. De ahí que se reconozcan varias opciones para explicar el aprendizaje, que se hacen en función de los referentes conceptuales utilizados, que sin ser definitivos, pueden suponerse como la "mejor opción", pero no la "única" posibilidad. Esto mismo se puede aplicar a la dimensión pedagógica y la didáctica, en las que también confluyen varias posibilidades de explicación, pero sin llegar a ser definitivas.

argumentos, se proponen actividades a través de las que se busca "afianzar" o generar un "mayor aprendizaje". Cada argumento posee "la propuesta para aprender mejor".

Ante la variedad de opciones para explicar la promoción y el desarrollo del aprendizaje, en este trabajo se consideran los argumentos que analizan el aprendizaje, con diferentes matices en la relación sujeto y objeto de aprendizaje. Así, en esta dimensión las explicaciones se agrupan, principalmente, en tres tipos de argumentos: a) predominio del sujeto que aprende sobre el objeto de aprendizaje o contenido; b) predominio del objeto de aprendizaje sobre el sujeto que aprende, y c) relación recíproca entre sujeto y objeto de aprendizaje.

1. En el predominio de la acción del sujeto que aprende sobre el objeto de aprendizaje, se señala, entre otras cosas, que son las características de los alumnos las que determinan la adquisición de conocimientos. Para ello, se reconocen principalmente tres tipos de explicaciones: a) las que enfatizan afectos, emociones y sentimientos (aprendizaje afectivo), b) las que destacan cualidades intelectuales (aprendizaje cognitivo), y c) y las que enfatizan el bienestar emocional (aprendizaje positivo).

2. Por el contrario, cuando se enfatiza el papel del objeto o contenido de aprendizaje sobre el sujeto que aprende, las explicaciones privilegian las condiciones del entorno como determinantes del aprendizaje. En esta opción, se refieren dos tipos de posibilidades: a) el medio como condicionante (aprendizaje conductual) y b) las condiciones históricas y sociales (aprendizaje histórico cultural).

3. En el tercer tipo de relación se encuentran los argumentos que combinan dos o más cualidades previas. Así aparecen las combinaciones entre: a) el medio social y las capacidades intelectuales (aprendizaje significativo); y b) las capacidades intelectuales y emocionales con las situaciones históricas y sociales (aprendizaje situacional) (ver Figura, 2.1).

Figura, 2.1 Dimensión psicológica

Dimensión psicológica				
1. Aprendizaje centrado en el alumno			2. Aprendizaje centrado en el objeto de conocimiento	
a) Afectos, emociones, sentimientos y pasiones (aprendizaje afectivo)	b) Cualidades cognitivas individuales (aprendizaje cognitivo)	c) Bienestar emocional (aprendizaje positivo)	a) Situaciones históricas y sociales (aprendizaje social).	b) Condicionamiento de la conducta (aprendizaje moldeado)
3. Aprendizaje interacción sujeto objeto				
a) Medio social y capacidades cognitivas (aprendizaje significativo)		b) Cualidades cognitivas y situaciones socio históricas (aprendizaje situacional)		

A continuación, se desarrollan las perspectivas teóricas y conceptuales que se identifican en la dimensión psicológica, desde las que se explica el aprendizaje.

1. Aprendizaje centrado en el alumno

Con el desarrollo y afianzamiento de psicología a finales del siglo XIX y principios del XX, se generan diversas aproximaciones que identifican cualidades cognitivas y afectivas para explicar el comportamiento de los niños, explicaciones que les reconocen como sujetos psicológicos con lógicas y procesos cognitivos y afectivos diferentes de los adultos. A partir de estas aportaciones conceptuales, los procesos de enseñanza aprendizaje dejan de valorarse solo desde la óptica de los docentes, y se acepta que los alumnos con sus cualidades también pueden incidir en la cantidad y calidad de lo que aprenden. Si antes el docente tuvo un rol predominante en el aula, ahora, son los alumnos quienes asumen la mayor participación en su aprendizaje. Estos argumentos psicológicos plantean que tanto los afectos, emociones y sentimientos, como las cualidades cognitivas individuales, así como el bienestar emocional de los alumnos pueden incidir en su aprendizaje.

a) Afectos, emociones, sentimientos y pasiones (aprendizaje afectivo)

> "Frente al mundo exterior, (el yo) aprende a conocer los estímulos, acumula (en la memoria) experiencias sobre los mismos, evita (por la fuga) los que son demasiado intensos, enfrenta (por adaptación) los estímulos moderados y, *por fin, aprende a modificar el mundo exterior adecuándolo a su propia conveniencia* (actividad)"
> (Freud, 1989: 13).

Los nuevos conocimientos, a manera de estímulos que se reciben del mundo exterior, generan diferentes respuestas emocionales en función de las características personales para enfrentarlos; estos conocimientos permanecen en la memoria a manera de experiencias, algunas de ellas, por ser muy intensas, se evitan o posponen, y otras, por ser fáciles de manejar, se incorporan sin dificultad. Es desde las características personales que se establecen las condiciones de incorporación de acuerdo con su situación "psíquica".

En otras palabras, los nuevos conocimientos, al no ser neutros o imparciales/asépticos, ni carentes de sentido, siempre generan algún tipo de reacción emocional. Las personas son quienes establecen las condiciones para asimilarlos, posponerlos o suprimirlos. Y como los afectos o emociones no son lineales o permanentes, entonces el aprendizaje tampoco es continuo y lineal, éste puede ser fluctuante, asimilado, evitado o pospuesto.

Así, el sujeto que aprende, de acuerdo con "su propia conveniencia" o circunstancias emocionales, es quien determina las cualidades a incorporar del objeto de conocimiento (mundo exterior). Por lo mismo, el aprendizaje se explica mediante las situaciones "psíquicas" o "mentales" de las personas, en donde el conjunto de sentimientos, afectos, emociones y pasiones, que configuran la historia afectiva de las personas, juegan un papel importante en el tipo y calidad de conocimientos que se adquieren.

Al considerar el aprendizaje en función del estado emocional de las personas, supone reconocer que éstas no siempre se encuentran en las mejores condiciones para asimilar ciertos contenidos; ello puede implicar que el aprendizaje al no ser lineal o estar más en función de ciclos, etapas o curvas (en la mayoría de las ocasiones), el aprendizaje esté más en función del estado emocional de las personas y no tanto de los contenidos.

Estos argumentos afectivos reconocen dos principios que rigen el comportamiento de las personas: el principio del placer y el principio de realidad (Freud, 1989); principios que de alguna manera también están presentes en los procesos de enseñanza aprendizaje que se suscitan en la condición educativa.

Se considera que, en los primeros años de vida, predomina el principio del placer. Es un momento que el ser humano está dominado por los comportamientos "instintivos", con tendencia a inclinarse más por las actividades que le proporcionen placer y la satisfacción inmediata, sin tener en cuenta las exigencias de la realidad; pero conforme se desarrolla, el principio de realidad tiende a ocupar el lugar del principio del placer, no sin fuertes conflictos intelectuales y afectivos.

De ahí que, una de las tareas importantes que deben asumir los educadores, sea propiciar que a través del proceso de aprendizaje predomine más el principio de realidad; esto se logra al hacer comprender al niño la conveniencia de vivir de acuerdo con las condiciones reales del mundo exterior y que acepte las situaciones de displacer que ello conlleve (Reich y Schmidt, 1980).

Para lograr tal propósito, el educador se apoya en el proceso de transferencia (Ramírez, 2011). Se asume que al igual que en la interacción humana, en la relación educativa, el niño puede transferir sentimientos positivos o negativos hacia sus padres, maestros o personas que los sustituyen (médicos, cuidadores, etc.). En la educación, la transferencia positiva hacia los maestros se aprovecha para que el niño deje paulatinamente el principio del placer por el principio de realidad.

Pero también, en caso de que predomine la transferencia negativa, el niño asume una actitud hostil hacia los maestros, y hacia las exigencias de la realidad que ellos representan, por lo que se revela y se afianza en el principio del placer. De ahí que el comportamiento del educador sea muy importante para que la vinculación se fortalezca más a partir de actitudes positivas que negativas (Ramírez, 2011).

Al promover las transferencias positivas y el predominio del principio de realidad, se espera que la convivencia pedagógica promueva el sano desarrollo emocional de los alumnos, y que repercuta en alumnos más realistas, maduros emocional e intelectualmente.

b) Cualidades intelectuales individuales (aprendizaje cognitivo)

> "Es en este sentido en el que *el conocimiento se extrae de la acción (del sujeto) como tal y no de las propiedades físicas del objeto*"
> (Piaget, 1975: 94).

Este tipo de argumento destaca las cualidades del sujeto como determinantes del proceso de aprendizaje, y ubica en un segundo plano las cualidades de los objetos. Reconoce momentos de equilibrio en los procesos de aprendizaje, en donde la cantidad y calidad de los nuevos conocimientos, dependen de la cantidad y calidad de las características biológicas e intelectuales de los estudiantes. Es decir, para adquirir un conocimiento se requiere, por un lado, poseer ciertas condiciones fisiológicas cerebrales y, por otro lado, disponer de ciertas condiciones cognitivas.

> "Por consiguiente, el aprendizaje en función de la experiencia no se hace a partir de presiones pasivamente sufridas por el sujeto, sino a partir de la acomodación de sus esquemas de asimilación. El punto de partida de todo conocimiento lo constituye un cierto equilibrio entre la asimilación de los objetos a la actividad del sujeto y la acomodación de esta actividad a los objetos" (Piaget, 1975: 135 y 136).

Para esta perspectiva, los conceptos de asimilación, acomodación y equilibrio son fundamentales para explicar el aprendizaje. Si bien, la asimilación tiene que ver con la incorporación de las cualidades de los objetos, la acomodación tiene que ver con la adecuación de la actividad a los objetos. Este equilibrio entre los dos procesos lo realiza el sujeto; y aún sino se presenta dicho equilibrio, y predominara alguno de los dos (Piaget, 1981), y termina siendo un proceso interno del sujeto.

El fundamento genético de la propuesta, implica concebir que durante el desarrollo cognitivo existe un proceso de organización en donde las estructuras cognitivas sólo se transforman, no desaparecen (Rosas y Sebastián, 2008); es decir, en la medida que el sujeto se desarrolla, los esquemas cognitivos se enriquecen, de tal manera que, de esquemas simples del recién nacido, se pasa a esquemas concretos durante la infancia, posteriormente se convierten en esquemas formales al inicio de la pubertad y, finalmente, se transforman en esquemas abstractos al final de la misma (Piaget, 1975).

El enriquecimiento de los esquemas cognitivos, como cualidades cognitivas de los sujetos, juega un papel importante para adquirir nuevos conocimientos, pues la calidad y tipo de conocimientos depende del desarrollo intelectual. Sin embargo, el poseer esquemas cognitivos tampoco garantiza la adquisición de conocimientos, si bien son una condición para el aprendizaje, ello no asegura que se realice; que el aprendizaje ocurra, depende tanto de la calidad de los esquemas cognitivos como del tipo de interacción del sujeto con el medio.

Así, todo proceso de conocimiento implica un conflicto cognitivo que contiene un equilibrio psicológico entre las funciones de asimilación y acomodación de las funciones intelectuales: "...equilibrio que es alcanzado en la medida en que las acciones se hacen susceptibles de constituir entre ellas sistemas de composición reversible" (Piaget, 1975: 136).

De esta manera, al presentarse nueva información se alteran las estructuras o esquemas mentales de asimilación, lo que propicia un conflicto o desequilibrio de las condiciones intelectuales, situación que se puede solucionar en la medida que se incorpora o asimila la nueva información, y se encuentra sentido de aplicación o acomodación, lo que lleva a un reequilibrio.

Por su parte, la reversibilidad implica que, así como se puede ir de la asimilación a la acomodación, también se puede hacer el recorrido inverso; se puede ir de la nueva información hacia su aplicación o de su aplicación a su adquisición. Sin embargo, si no se presenta la reversibilidad, puede permanecer el desequilibrio y el proceso cognitivo quedar incompleto. Pero, a decir de Piaget, "... también puede permanecer una primacía de la acomodación y, en este caso, la acción se conforma sobre el propio objeto, por ejemplo, porque éste es más interesante que la utilización asimiladora que el sujeto podría sacar de él" (Piaget, 1981: 96).

De ahí que el enriquecimiento de los esquemas de acción o estructuras intelectuales sea la condición necesaria para seguir conociendo; aunque es conveniente mencionar que este enriquecimiento tiene lugar en base a las características generales de los objetos, y no tanto a partir de las cualidades específicas de los mismos (Coll, 2003).

c) Bienestar emocional (aprendizaje positivo)[6]

> "... 1) cultivar la virtud nos hará felices y
> 2) una vida feliz es una vida placentera
> (aprendiendo a disfrutar del placer,
> a sentir y expresar afectividad positiva,
> y a ser competentes para multiplicar tales efectos)"
> (Reig-Ferrer, 2010)

La psicología positiva es una propuesta teórica, conceptual y propositiva que se plantea, entre otros aspectos, comprender los procesos psicológicos que subyacen en las emociones positivas del ser humano para crear condiciones que coadyuven la mejora de la calidad de vida y el bienestar físico y mental de las personas.

Desde esta perspectiva, se piensa que el aprendizaje es un proceso psicológico que está inmerso en situaciones emocionales, tanto positivas como negativas, por lo que plantea reafirmar las emociones positivas para favorecer los aprendizajes que influyen en la salud de las personas.

Así, debido a la importancia que asume el aprendizaje en el bienestar emocional, la psicología positiva plantea como uno de sus propósitos, conservar el interés por el aprendizaje y el desarrollo continuo de las potencialidades cognitivas a lo largo de la vida (Vázquez, Hervás, Rahona y Gómez, 2009). Visto de esta manera, el aprendizaje emocional se entiende como un proceso psicológico continuo y permanente que promueve el desarrollo de las capacidades intelectuales, cualidades que permiten a las personas participar en los ámbitos sociales, laborales, profesionales

---

[6] Algunas ideas ya se han expuesto de manera más amplia en el trabajo denominado: "La psicología positiva, referente para el aprendizaje", en el que, además de tratar con más detalle la relación de la psicología positiva con el aprendizaje, también se refieren actividades para fomentar el aprendizaje positivo.

o de esparcimiento; por tanto, el aprendizaje emocional no solo tiene importancia para el desarrollo psicológico, sino también tiene efectos en la totalidad de la persona.

De esta manera, la psicología positiva plantea que existe una relación mutua entre el aprendizaje y las cualidades emocionales. Por lo que se piensa que, así como las cualidades emocionales del ser humano influyen en la cantidad y calidad de aprendizaje de los contenidos curriculares, también se considera que, si las emociones son cordiales y agradables, es más probable crear condiciones adecuadas para incrementar el aprendizaje positivo (Caruana, 2010).

Por este motivo, las actividades de aprendizaje en las situaciones escolares tienen un papel importante para promover aprendizajes que favorezcan los estados emocionales positivos, y la realización de este tipo de actividades, acercan a los alumnos a "estados de bienestar" físicos y emocionales favorables, lo que tener implicaciones para mejorar el aprendizaje de los contenidos curriculares.

Al existir una relación estrecha entre las cualidades emocionales con la voluntad, y entre la motivación y las decisiones de las personas, el proceso de aprendizaje ser un acto sencillo y sin complicaciones. Para que se suscite el aprendizaje positivo, es suficiente con manifestar un interés, dirigirlo hacia algo y mantenerlo por un tiempo determinado (Bizquerra y Hernández, 2017).

Este acto de aprendizaje "sencillo y sin complicaciones", llega a convertirse en el camino para alcanzar la "felicidad" o "vida placentera", una de las características del bienestar emocional; razón por la que se argumenta que el que los alumnos aprendan estados emocionales relacionados con la felicidad (Reig-Ferrer, 2010). Lo anterior da pie para implementar actividades de aprendizaje que promuevan la felicidad a partir de fomentar el optimismo, la autoestima, el amor, la buena vida y la curiosidad, entre otros.

Así, por ejemplo, al participar en actividades que favorezcan el aprendizaje emocional, la acción y la atención generadas a través de estas actividades propiciar una concentración plena, un "estado de flujo"; estado emocional que propicia un momento de gran atención que hace olvidar las situaciones y problemas externos, incluso se llega a perder el sentido del tiempo y a tener una vivencia plena. De este modo, el "estado de flujo" se convierte en una situación para vivir plenamente el presente, al margen del pasado y del futuro.

El aprendizaje de las emociones a través de las actividades educativas es planteado por Castro (2010), quien refiere que el gran logro de este movimiento o enfoque psicológico es el haber aglutinado una serie de consideraciones que enfatizan las cualidades positivas del bienestar y la salud, sobre los elementos negativos, enfermizos o patológicos.

Sin embargo, de acuerdo con la psicología positiva, la felicidad es más un proceso que un resultado, por lo que, se argumenta que, es más importante vivir la vida, y no tanto buscar los productos. De esta manera, al considerar el aprendizaje más como un proceso, sería más importante, durante las interacciones educativas, interesarse por generar estados emocionales, que influyan positivamente en el aprendizaje, por lo mismo, se reitera el interés por promover en los alumnos estados emocionales positivos.

Desde esta perspectiva, la función del docente se complementa, de ser una función dedicada a la transmisión de contenidos curriculares también puede fomentar estados emocionales. Además de enseñar y promover contenidos disciplinares, el docente debe tomar en cuenta que sus formas de actuación también generan estados de ánimo, los cuales repercuten en la cantidad y calidad de aprendizajes. De ahí que algunos autores consideren que se aprende más rápido y mejor si el docente demuestra entusiasmo y pasión (Anaya y Anaya, 2010).

Se sugiere que el docente deje fluir la actividad educativa, sin poner atención en el tiempo, que los alumnos se concentren en la actividad y permitir que la clase transcurra. Se piensa que el dejar fluir la actividad sin depender de los tiempos rígidos puede ser más adecuado para fomentar emociones positivas. Con este tipo de actitudes, los docentes consiguen propiciar una mayor creatividad, elevar la autoestima y establecer condiciones para reafirmar la personalidad de los alumnos.

En resumen, la aplicación de la psicología positiva en el ámbito educativo es una propuesta que involucra a docentes y alumnos, que se propone generar estados emocionales agradables y satisfactorios, mediante las actividades de aprendizaje que fomenten emociones positivas como el optimismo, la autoestima, el amor, la buena vida y la curiosidad.

2. Aprendizaje centrado en el objeto de conocimiento

Si bien, por un lado, se acepta que el alumno puede transferir ciertas cualidades al objeto de aprendizaje, también existen otras aproximaciones psicológicas que suponen al objeto de conocimiento como portador de características que inciden en el aprendizaje de los alumnos. Sobre todo, cuando el objeto de conocimiento está determinado por una serie de circunstancias ambientales y sociales, las cuales pueden, alterar tanto la dinámica de los aprendizajes como las cualidades de lo que se aprende. Estos argumentos se pueden encontrar en perspectivas psicológicas que reconocen que tanto las situaciones históricas y sociales como los estímulos del medio social pueden repercutir en el aprendizaje de los alumnos.

a) Situaciones históricas y sociales (aprendizaje social).

> "En nuestra concepción *la verdadera dirección del desarrollo del pensamiento no va del individual al socializado, sino del social al individual*"
> (Vigotsky, 1988[7]: 43).

---

[7]   Según Blanck, quien estuvo a cargo de la edición y el prefacio a la obra *Psicología y pedagogía* de Vigotsky (2001), el libro de *Pensamiento y lenguaje* fue terminado en 1934, solo unos días antes de morir.

Como se aprecia, este argumento ofrece una explicación cercana a la propuesta anterior, por la preponderancia de las condiciones sociales sobre el sujeto de aprendizaje, pero a la vez, ofrece un matiz diferente, pues considera que las condiciones históricas y culturales, sin ser impuestas o manipuladas de manera intencional, dan la pauta para adquirir los nuevos conocimientos.

No se acepta que el sujeto aislado construya los conocimientos, ya que todo el tiempo interactúa con los demás de una u otra manera. Esto se puede reconocer a través de la frase muy señalada, que supone al aprendizaje como antecedente del desarrollo individual: "Descubrimos que la instrucción generalmente precede al desarrollo. El niño adquiere determinados hábitos y destrezas en un área dada antes de aprender a aplicarlos consciente y deliberadamente" (Vigotsky, 1988: 140).

Como el aprendizaje forma parte de la realidad exterior, primero es externo al individuo, y sólo después, se interioriza. Razón por la cual, se considera que el aprendizaje social juega un papel importante para el desarrollo del individuo: "Lo que el niño puede hacer hoy en cooperación, mañana podrá hacerlo solo. Por lo tanto, el único tipo de instrucción adecuada es la que marcha adelante del desarrollo y lo conduce: debe ser dirigido más a las funciones de maduración que a lo ya maduro" (Vigotsky, 1988: 143).

En otras palabras, la educación puede ser decisiva para que las funciones superiores alcancen una maduración adecuada (Ponce, 2010), pero sin dejar de resaltar que, si la educación propicia la maduración, lo hace mediante un proceso de transformación y no por la transmisión automática de las condiciones externas a las internas (Castorina, 2000).

En síntesis, para Vigotsky, el aprendizaje propicia el desarrollo intelectual, que no puede darse al margen de este: "postula un sujeto social que no sólo es activo sino, ante todo, interactivo" (Castorina, 2003).

Dado que el aprendizaje social se encuentra en función de los demás, sean maestros, padres, hermanos, amigos o libros, revistas, videos, etc., es muy importante que a través de los procesos educativos se le formulen a los alumnos, retos intelectuales que requieran la participación de los demás, y no limitarse sólo a ser contenidos que deben adquirirse para cumplir con planes o programas preestablecidos.

b) Condicionamiento de la de conducta (aprendizaje moldeado)

"Los estímulos están siempre actuando sobre el organismo"
(Skinner, 1974: 137).

El acontecimiento externo al sujeto, como generador del aprendizaje condicionado, ubica al medio o entorno social como determinante del conocimiento. Según este argumento, el aprendizaje se obtiene mediante la aplicación de reforzadores positivos o negativos que condicionan la conducta.

De esta manera, el medio se impone sobre las capacidades intelectuales de las personas, o como lo dice Skinner: sobre los organismos: "El efecto del reforzamiento operante es desde luego más visible cuando existe un cambio importante en la conducta, cambio que tiene lugar cuando un organismo aprende a dar una respuesta que no dio o no pudo dar antes" (Skinner, 1974: 128).

De la misma manera que el escultor moldea la masa de barro, el organismo es moldeado por el medio o entorno social, (Skinner, 1974). Las posibilidades de moldear la conducta no distinguen entre las personas o los animales, cualquier organismo puede ser moldeado para que emita las respuestas esperadas. Al igual que se condiciona una rata para recorrer un laberinto o una paloma para ejecutar 20 picotazos a la palanca, también las personas pueden ser entrenadas para dar las respuestas esperadas.

Así, como se recompensa a la paloma en los acercamientos a la palanca (meta), hasta lograr la frecuencia de 20 picotazos a la palanca: "Proseguimos reforzando unas posiciones más próximas al punto, luego reforzamos cuando la cabeza se adelanta ligeramente y por fin, solamente cuando el pico toca el punto fijado" (Skinner, 1974: 122). También las personas pueden ser "recompensadas" o "moldeadas" por los acercamientos sucesivos a la conducta esperada, hasta que se obtiene el propósito establecido.

Pero de manera semejante que un animal, se le puede "extinguir" una conducta al privarlo de un estímulo agradable, reforzador positivo, o al otorgarle un estímulo desagradable, reforzador negativo; también a las personas se les puede condicionar de la misma manera para eliminar la conducta no deseada (Skinner, 1974).

La explicación skinneriana del aprendizaje como un mero cambio de conducta observable (Skinner, 1979), es retomada por Bandura (1982), quien amplió el espectro de explicaciones conductistas, al incorporar la perspectiva neoconductista y social. En ella propone que en el "aprendizaje del hombre", también existen situaciones no observables, como el pensamiento, las expectativas, las intenciones y las creencias. También hace la diferencia entre los términos de aprendizaje y conducta; mientras el aprendizaje tiene que ver con la adquisición de conocimientos, la conducta, la relaciona con la capacidad para aplicar dichos conocimientos.

Así, el concepto de aprendizaje no se limita al estudio de los fenómenos empíricos y observables, al ampliar sus posibilidades de explicación a "cualidades no tan objetivas", se da pie a consideraciones que sirven de antecedente para nuevas explicaciones del aprendizaje (Peña, 2010).

3. Aprendizaje interacción sujeto objeto.

Ante los argumentos psicológicos que le asignan importancia a los sujetos y a los objetos de conocimiento en el aprendizaje, y que dejan de lado la posibilidad de una interacción entre ambos elementos, aparece una tercera opción que acepta la complementariedad de cualidades entre los sujetos que aprenden y los objetos de aprendizaje. Este tipo de argumentos consideran que tanto el medio social y las capacidades individuales como las cualidades cognitivas y las situaciones sociohistóricas pueden influir en el aprendizaje de los alumnos.

a) Medio social y capacidades cognitivas (aprendizaje significativo)

> "En el aprendizaje significativo, *el mismo proceso de adquirir información produce una modificación de la información recién adquirida* como del aspecto específicamente *pertinente de la estructura cognoscitiva con el que aquélla está vinculada*"
> (Ausubel, Novak y Hanesian, 1989: 62).

Este tipo de argumento, a la vez que manifiesta la preocupación por adquirir mayores cantidades de información, espera que esta información sea de utilidad. En el proceso cognitivo, las características intelectuales de las personas juegan un papel importante, ya que pueden influir no solo para incrementar la cantidad de información, sino también para que ésta sea significativa para quien la adquiere.

Este argumento se apoya, en cierta manera, en las consideraciones previas sobre el aprendizaje: tanto en la importancia de las cualidades intelectuales de las personas, como en las características de los nuevos conocimientos. Así, de la epistemología genética retoma el término de "estructura cognoscitiva", más no el sentido que se le otorgaba, dado que esta "estructura cognoscitiva", es más un código lingüístico que explica la incorporación de la información y, no tanto, un proceso intelectual, como lo decía Piaget. Razón por la cual en lugar del término de asimilación manejan el de "incorporación" de la información; así, al desechar los conceptos de asimilación y acomodación, excluyen la posible relación de estos dos momentos.

Por su parte, desde una posición cercana a la conductual, que asemeja los procesos cerebrales del individuo con los animales, ahora lo establecen a partir del procesamiento de la información realizada por las máquinas. Consideran que la "estructura cognoscitiva" puede funcionar de manera similar a una computadora, en donde el tipo y calidad de programas computacionales, influyen en la facilidad o dificultad para manejar mayor o menor cantidad de información: "Primero consideramos la similitud familiar entre el hombre y la computadora" (Neisser, 1979: 16).

Se argumenta que no es suficiente con acceder al conocimiento, y que es importante saber para qué sirve. Así, no sólo se trata de manejar mayores cantidades de información, sino también se requiere saber usarla:

> "... debemos preocuparnos por los objetivos intelectuales *últimos* de la escuela, a saber, por la adquisición permanente de cuerpos de conocimiento y facultades intelectuales válidos y útiles, y por desarrollar la habilidad para pensar crítica, sistemática e independiente" (Ausubel et al. 1989: 43).

En esta aproximación psicológica, se distinguen dos dimensiones del aprendizaje: la primera la subdividen en aprendizaje receptivo o aprendizaje por descubrimiento; la segunda, diferencia entre el aprendizaje significativo y el memorístico.

Exponen que tanto el aprendizaje receptivo como el que ocurre a través del descubrimiento, pueden ser significativos o memorísticos; ello depende de las características de la información que se adquiera o de las características de las estructuras cognoscitivas del sujeto.

Así, el aprendizaje por recepción se caracteriza porque la información se incorpora a la estructura cognoscitiva como un producto, más o menos acabado; y puede ser significativo, si se le presenta al alumno de manera ordenada y con una estructura coherente; o puede ser memorístico, si el alumno tiene que asimilar el contendido sin ningún orden, solo por el hecho de tener que incorporarlo (Ausubel et al. 1989).

En cambio, en el aprendizaje por descubrimiento, la información debe entenderse antes de ser asimilada a la estructura cognoscitiva; y puede ser significativo, si la persona asume cierta disposición para adquirirla; o ser repetitivo, cuando no se le ofrece la oportunidad de relacionarla con la estructura cognoscitiva (Ausubel et al. 1989).

Así, el cognoscitivismo considera que los alumnos tienen un papel importante en el aprendizaje de nuevos conocimientos. Supone que los alumnos procesan la información externa, al identificarla como pertinente y relevante, le otorgan significado y la almacenan para su uso posterior (Tovar, 2001). Por lo tanto, no se trata de acumular información sino de entenderla y saber usarla.

b) Cualidades cognitivas y situaciones socio históricas (aprendizaje situacional)

> "Aprender no es hacer *fotocopias* mentales del mundo ni enseñar es enviar un fax a la mente para que este emita una copia … el conocimiento no es nunca una copia de la realidad que representa. (Pozo, 2000: 37).

Por último, desde la posición del constructivismo psicológico, se explica al aprendizaje combinando argumentos que reconocen la participación del sujeto. Es una amalgama de puntos de vista que consideran simultáneamente tanto las características cognitivas de los sujetos, como las condiciones sociales y culturales. Si bien, hay quienes dudan de esta posibilidad (Castorina, 2008), se identifica una gran cantidad de testimonios a favor de tal combinación (Carretero, 2008).

Más que una explicación en una sola dirección, esta combinación de expresiones se presenta como un "marco de referencia" (Coll, 2000), que reconoce las cualidades del sujeto como las determinantes del tipo y calidad de los aprendizajes. La coincidencia está en suponer que "el sujeto es quien construye el conocimiento".

Se acepta que existe un mínimo de condiciones biológicas y madurativas de los sujetos, requeridas para que se propicie el conocimiento; y dependiendo de ellas serán las posibilidades para adquirir nuevos conocimientos.

Si bien las diferentes posiciones están de acuerdo en la participación del sujeto, existen diferencias respecto a la forma en la que el sujeto participa en la construcción del conocimiento. Esta diferencia se marca al incorporar la discusión sobre las determinantes del aprendizaje: si se debe al desarrollo cognitivo del individuo, o si son las condiciones sociales y externas las que imponen su directriz. El hecho de que la explicación se incline por resaltar lo individual o lo social, no quiere decir que se eliminen los otros elementos; tanto tienen presencia elementos sociales en la primera explicación, como existen elementos individuales en la segunda.

Del énfasis que se otorgue a las cualidades cognitivas y emocionales o a las condiciones históricas y sociales, será la inclinación por el matiz constructivista que predomine. Así, si son las características intelectuales de los sujetos las que se imponen sobre el medio, se identifica un constructivismo centrado en el individuo (Piaget, 1975); pero si son las características sociales las que destacan sobre los individuos, predomina un constructivismo mediado por lo social (Vigotsky, 1988).

En otras palabras, mientras el constructivismo genético, supone que es el sujeto quien a través de la "acción" asimila y acomoda las características de los objetos a las estructuras cognitivas como los esquemas, el constructivismo social, supone que las condiciones culturales impulsan el desarrollo de las funciones psicológicas superiores como el pensamiento.

Ante estas explicaciones divergentes se encuentra la opción intermedia, en la que se considera que no son las estructuras cognoscitivas de los sujetos, ni las condiciones culturales, las que determinan la adquisición de los conocimientos, sino la combinación de ambas; el resultado de esta combinación de cualidades individuales y situaciones contextuales determina la cantidad y calidad del aprendizaje.

Para que se produzca el "aprendizaje significativo", se requiere hacer coincidir las condiciones afectivas de los sujetos y las características lógicas de los contenidos de conocimiento. Por lo mismo, se enfatiza la búsqueda de andamiajes cognoscitivos a manera de disparadores de conocimientos, que sirvan de enlace entre las estructuras cognoscitivas del sujeto y las características de los contenidos por aprender (Ausubel, 1989).

Conclusión

Estos planteamientos psicológicos sobre el aprendizaje requieren que los profesores tengan conocimientos básicos, no solo de los campos del conocimiento referentes al contenido disciplinar y profesional que enseñan, sino también sobre aspectos psicológicos y del desarrollo de los estudiantes, que permiten comprender el aprendizaje en contextos de enseñanza (caso de las instituciones de educación superior), considerando el conjunto de elementos que participan para adquirir nuevos conocimientos.

Los docentes no pueden interesarse sobre el aprendizaje de los alumnos al margen de la variedad opciones de explicación y aplicación; al considerar la variedad de argumentos para explicar el aprendizaje, le servirá al docente para tomar decisiones fundamentadas y, sobre todo, conocer mejor los posibles resultados.

En ese sentido, el interés por incrementar las posibilidades de aprendizaje de los alumnos implica (además de ubicarlo en la dimensión psicológica), reconocer el potencial para el aprendizaje que aporta la participación de los alumnos, los resultados que se adquieren al centrarse en el objeto de conocimiento o la combinación de ambos componentes. También es importante tener en cuenta la variedad de argumentos que se han elaborado desde la dimensión pedagógica sobre los alcances del aprendizaje, y así, suponer posibles efectos en el aprendizaje, si la enseñanza se centra alrededor del docente o si ésta se organiza a partir de los diversos matices de actuación de los alumnos.

III

Dimensión didáctica

Introducción

La dimensión didáctica es parte de la multidimensionalidad explicativa para entender mejor la enseñanza en la educación superior. Desde la didáctica, se pueden encontrar diferentes argumentos con sugerencias para organizar las actividades de enseñanza aprendizaje; justificar distintas relaciones maestro, alumnos y contenidos de enseñanza o formular diversos procedimientos para promover, desarrollar y evaluar el aprendizaje.

Ante la variedad de expresiones de la didáctica, el presente apartado toma como eje los principales procedimientos para promover el proceso de enseñanza aprendizaje, y de paso, se hacen algunos comentarios generales sobre la evaluación del aprendizaje. En este sentido, aquí se consideran procedimientos que realizan los maestros para promover el aprendizaje de los contenidos, y con ello, obtener una variedad de resultados, no solo en la cantidad, sino en la permanencia, duración, sentido y significado de lo que se aprende, y probablemente, de las implicaciones prácticas.

Existen numerosas obras que abordan con detalle cada uno de los procedimientos o actividades para propiciar el acercamiento del alumno al contenido curricular. Estas formas de proceder, se pueden reconocer en lo específico, como actividades didácticas o como actividades de aprendizaje, las cuales son referidas según sus cualidades y limitaciones (Biggs, 2010; Monereo, 1999; Monereo y Castello, 1998); otras se caracterizan en función de las habilidades cognitivas de los alumnos (Marzano y Pickering, 2005; Zarzar, 2013); otras más, se mencionan en función de un tipo específico de aprendizaje a promover (Díaz Barriga y Hernández, 2002; García, 2001; Díaz Barriga, 2006; Ortega, Farfán y Ramírez, 2013); y otro tanto, se presentan en función de sus referentes conceptuales específicos (Frola y Velásquez, 2011; Pimienta, 2008 y 2012); o incluso, existen aquellas obras en las que hacen un listado exhaustivo de las mismas (Eggen y Kauchak, 1999).

Es tan amplia la variedad de opciones que tiene el maestro para promover el aprendizaje, como variedad de formas de acercarse al objeto de estudio. Esta situación puede darse de manera individual, en grupo o masivamente, directa o indirectamente, con guías de estudio o sin guías, de manera espontánea o planeada, usando tecnologías y redes sociales o sin apoyo técnico, con la presencia del docente o en su ausencia, etc.

Respecto a esta diversidad, es conveniente mencionar que las actividades no se realizan solo como buenas intenciones, como "acciones comunes" y desinteresadas. Por el contrario, desde la elección que se hace de ellas, se asumen posiciones epistémicas y políticas (Díaz Barriga, 1997), que favorecen cierto tipo de conocimiento, sea más empírico, experiencial, empático, vivencial, subjetivo, etc.

Ante la variedad de opciones para acercarse a los contenidos de enseñanza aprendizaje, en este trabajo se reconocen, principalmente, dos grupos de procedimientos: 1. Estrategias de trabajo convencional[8] y 2. Estrategias de trabajo no convencional.

---

[8] Se elige el término convencional para caracterizar las actividades que comúnmente se desarrollan al interior del aula. En este caso, la convención no la otorga el uso o no de los medios electrónicos, sino la participación de las cualidades cognitivas y sociales de los alumnos para adquirir el aprendizaje.

Ambas estrategias se subdividen en a) individuales y b) grupales (ver Figura, 3.1).

Figura, 3.1 Dimensión didáctica

Dimensión didáctica			
1. Estrategias convencionales		2. Estrategias no convencionales	
a) Individuales	b) Grupales	a) Individuales	b) Grupales
Actividades individuales, ordenadas y rígidas con resultados predeterminados y únicos.	Actividades grupales y cooperativas, ordenadas y rígidas, con resultados predeterminados.	Actividades individuales con niveles de complejidad ascendente y resultados no determinados.	Actividades grupales, flexibles y colaborativas, con fases o etapas para alcanzar resultados no predeterminados.

Cabe recordar que estos procedimientos de enseñanza aprendizaje no se abordan con un sentido valorativo, sólo se refieren las actividades identificadas como las más utilizadas en la práctica educativa de la educación superior. Este es el tercer apartado[9] que aborda desde la didáctica, las estrategias de la enseñanza en la educación superior.

---

[9] El abordaje de los dos primeros temas (dimensiones pedagógica y psicológica) tienen características más conceptuales, en ellos se refieren argumentos explicativos y propositivos de la enseñanza, elaborados, a lo largo de la historia de la educación contemporánea. Este tercer apartado, sobre la didáctica, es más concreto, y hace referencia a cuestiones, sobre todo, aplicativas sobre los procedimientos más usuales para promover el aprendizaje de los contenidos curriculares.

1. Estrategias convencionales

Si bien estas actividades se pueden efectuar de manera individual o grupal, su ejecución y resultados, obedecen a la existencia de expectativas de aprendizaje preestablecidas, no admiten cambios, existen procedimientos predefinidos que conllevan ciertos resultados esperados, prevalece una idea de linealidad, lo que propicia un concepto de aprendizaje convencional; de inicio se plantean objetivos que se tienen que cumplir, sino es así, se considera que no se ha logrado el aprendizaje. Es decir, en trabajo individual o grupal, la lógica es similar, pueden cambiar la cantidad de participantes, pero las formas de relación con el objeto de conocimiento permanecen; los objetos son externos y no pueden ser alterados por los alumnos, solo se les incorpora.

El alumno, como sujeto que aprende, asume una relación exterior sobre el contenido; el contenido puede ser presentado por el docente, a través de documentos en diversos medios o formatos, o a partir de situaciones prácticas. Al ser una relación externa entre sujeto y objeto de conocimiento, se argumenta que este tipo de interacciones, permiten identificar más fácilmente la cantidad de información.

Se reconocen dos tipos de procedimientos para promover el aprendizaje convencional: individual y grupal.

a) Estrategias individuales convencionales

> "las clases magistrales pueden trasmitir
> información a los estudiantes...
> en la que una parte habla y la otra
> escucha y toma apuntes,
> no lleva a los estudiantes a pensar crítica
> o creativamente, ni los motiva"
> (Biggs, 2010: 134).

Si bien estas actividades las puede efectuar el alumno en presencia de sus compañeros, su ejecución, y sus resultados, se encuentran al margen de la participación de los demás integrantes del grupo, lo que se sustenta desde un concepto de aprendizaje individual. El alumno, aunque participa de una situación de grupo, no depende de los compañeros para adquirir los conocimientos, sino de sus capacidades intelectuales.

Desde esta perspectiva individual convencional, se argumenta que el alumno asume una actitud receptiva frente a lo que pretende conocer. Si bien el alumno tiene cierta actividad en su interacción con el objeto de conocimiento, se admite que el objeto (contenido) se encuentra acabado, y sólo tiene que reproducirlo; puede sintetizarlo, esquematizarlo o repetirlo, pero no modificarlo o transformarlo.

Por lo mismo, en este tipo de actividades existen esquemas de trabajo predeterminados, con disciplina estipulada y con acciones imitativas. El "buen aprendizaje" se obtiene cuando el alumno reproduce la información lo más fielmente posible. Con este tipo de actividades se fomenta la memorización, la imitación, la disciplina, el respeto y el acatamiento de órdenes.

Como se considera que el conocimiento existe independientemente del sujeto, para ser adquirido solo tiene que aprehenderlo, mediante una serie de acciones que les permitan incorporar las cualidades del objeto.

Estas estrategias se fundamentan, en parte, en la psicología conductista y en la educación tradicional. Desde el conductismo, al considerar que lo que se tiene que aprender lo determina el medio ambiente o las condiciones externas al sujeto, en este caso, la función del maestro es transmitir el conocimiento, y la función del alumno es seguir, exactamente, las indicaciones establecidas para alcanzar el nuevo conocimiento (Skinner, 1974). A su vez, la educación tradicional, asume que los objetos de conocimiento se pueden conocer solo por interactuar con ellos, mediante actividades que requieren el uso de los sentidos, pero sin descuidar que el tipo de actividad se establece en función de la complejidad del objeto (Snyders, 1972).

Ejemplos de este tipo de estrategias se encuentran en las conferencias o clases magistrales (Biggs, 2010), que fomentan habilidades para escuchar o acceder a información; en las fichas de lectura o trabajo (Zarzar, 2013), que requieren de la capacidad para sintetizar información; en las prácticas de laboratorio (Biggs, 2010), como un espacio para comprobar información suministrada en las clases teóricas; en los ensayos o trabajos escritos (Zarzar, 2013), que implican la capacidad para entender, integrar o sintetizar la información.

Este tipo de actividades, se utilizan con mayor frecuencia para manejar contenidos curriculares de las unidades de aprendizaje o asignaturas, ubicadas en los ciclos o semestres iniciales de la formación profesional.

El resultado de aprendizaje de las actividades convencionales se evalúa a partir de instrumentos unipersonales como exámenes, reportes de prácticas, ensayos, etc. Al ser una relación directa del alumno con el contenido de enseñanza aprendizaje, en donde los alumnos reproducen el contenido, los instrumentos de evaluación tienen que dar cuenta de los resultados a partir de evidencias claras, precias y objetivas.

Se sugiere usar este tipo de actividades cuando los contenidos disciplinares o profesionales tienen que ser atendidos por cada uno de los integrantes del grupo, y se pretender lograr un conocimiento preciso tanto en lo conceptual como en los procedimientos. Es común emplear estas estrategias para estudiar las disciplinas duras, como las ciencias naturales y exactas.

En la implementación de este tipo de actividades se debe cuidar de no abusar de la autoridad y generar un ambiente de sometimiento y autoritarismo hacia los alumnos, lo que puede ser contraproducente para promover el aprendizaje de las actitudes y valores.

b) Estrategias grupales convencionales

"El profesor prepara y asigna la tarea de grupo,
controla el tiempo y los materiales
y supervisa el aprendizaje de los alumnos,
observa si estos trabajan en la tarea asignada
y si los procesos del grupo funcionan bien"
(Barkley, Cross y Major, 2007: 18).

Los sujetos que aprenden en grupo de manera convencional toman en cuenta los criterios normativos y la organización del trabajo grupal, para obtener resultados. Por ser un aprendizaje convencional, tanto la información como los roles de participación se encuentran determinados, sólo se trata de interactuar, según lo estipulado, para demostrar que se domina el contenido; sea mediante un seminario, un debate o un foro. Se trata de evidenciar que se siguen indicaciones y que se conoce el tema.

Si bien es importante aprender a trabajar en grupo o equipo, las formas de trabajo se encuentran predeterminadas y requieren diferentes esquemas de organización del trabajo, en las que se consideran roles de participación, etapas o fases con tiempos para cada actividad y resultados esperados; implica seguir esquemas o patrones de participación. La interacción que se promueve es importante para aprender a trabajar en colectivos, respetar a los demás, argumentar, escuchar y seguir criterios de trabajo grupal.

Este aprendizaje grupal se puede fundamentar en la psicología y el desarrollo organizacional, (Burke, 1988; Robins y Judge, 2017) específicamente a través del comportamiento organizacional en donde se combinan la visión pisco-social con la administrativa. Mientras la psicología organizacional social enfatiza el trabajo y la organización colectiva, específica los roles de participación e identifica los liderazgos al interior de los grupos, el desarrollo organizacional, enfatiza el trabajo pautado, ordenado, mediante propósitos, fases, tiempos y resultados.

Ejemplo de este tipo de actividades son: panel, debate, foro, mesa redonda, seminario, taller, simposio (Pimienta, 2008 y 2012), que requieren capacidad para preparar, organizar y presentar información; y el aprendizaje cooperativo (Barkley, Cross y Howell, 2007), que promueve la habilidad para obtener resultados, etc.

Estos procedimientos se relacionan más con los contenidos curriculares que involucran las disciplinas básicas, que generalmente se encuentran al principio de la formación profesional. Y, sobre todo, sirven de antecedente para preparar el trabajo grupal no convencional.

Como las formas de promover el aprendizaje se realizan en grupo, el resultado del aprendizaje se evalúa a través de los resultados en función de los contenidos preestablecidos. Al ser una relación de enseñanza aprendizaje convencional entre alumnos y contenido, en donde los alumnos reproducen el contenido, los instrumentos de evaluación, al igual que en la perspectiva convencional del aprendizaje individual, tienen que dar cuenta de resultados a partir de evidencias claras, precias y objetivas.

Por enfatizar los resultados y no tanto en los procesos, este tipo de actividades se pueden implementar para una parte de la clase o toda una clase. Se recomienda cuidar las condiciones de su implementación y asegurar que la mayoría de los integrantes participen. Una opción es organizar las actividades de los integrantes al interior de cada equipo, al asignar tareas y responsabilidades de participación, con tiempos específicos para concluirlas. Por lo mismo, algunos autores como Zarzar (2013) sugieren que los grupos no sean mayores de 7 alumnos.

Se debe tener cuidado al emplear estas estrategias, dado que se puede llegar a transferir la responsabilidad académica a los alumnos, quienes tienden a participar a lo largo de todas las clases y limitar así la presencia del profesor a un simple observador, a un "espectador en el aula".

2. Estrategias no convencionales

Son actividades de aprendizaje individuales o colectivas que impactan el aprendizaje de los integrantes del grupo. Por lo mismo, lo que se aprende está en función de una visión de apertura, flexibilidad y pluralidad. Se parte de un concepto de aprendizaje que deja abierta las posibilidades de aprender, no es lo que se define sino lo que los alumnos terminan adquiriendo, que puede ser similar y no necesariamente lo mismo.

Así, el aprendizaje no convencional se caracteriza por considerar que los alumnos aprenden mejor si se propicia la libertad para actuar, idea que se sustenta en el enriquecimiento de los resultados si se consideran varios puntos de vista (Nutt, 2002; Caruso y Williams, 2008); por lo tanto, las actividades de aprendizaje se plantean pensando en un sujeto activo y con iniciativa, con la heterogeneidad de perspectivas, que trasciende las limitaciones del sujeto convencional.

Si bien en las últimas décadas fue notorio el interés por conocer las ventajas del aprendizaje participativo, en la actualidad, el interés se orienta a identificar las formas de trabajo que propician la libertad para generar el aprendizaje. Últimamente se ha buscado conocer más a fondo este tipo de aprendizaje por lo que se realizan investigaciones para determinar sus aportaciones a los alumnos (Caruso y Williams, 2008).

Al establecer una relación activa entre el objeto y sujeto de aprendizaje, se propician, por un lado, formas de interacción que reditúan en la socialización de los participantes y, por otro lado, se tienen más dificultades para determinar el aprendizaje de los alumnos, por lo que se incorporan instrumentos de evaluación más complejos, a través de los que se pretende reconocer los resultados de aprendizaje en un contexto.

De la misma manera, se reconocen dos tipos de actividades para el aprendizaje no convencional: individua y grupal.

a) Estrategias individuales no convencionales

> "... el diseño de la instrucción requiere una
> metodología de diseño participativo
> y la posibilidad continua de rediseñar
> las prácticas educativas
> con los actores mismos (alumnos)
> y en función de ellos"
> (Díaz Barriga, 2006: 22).

El alumno asume una actitud participativa en la adquisición del conocimiento; como sujeto activo, puede "crear y recrear" el conocimiento, para transformarlo y no quedarse en la mera reproducción de sus características.

Así, la adquisición de nueva información también depende de las cualidades cognitivas de quien aprende, de tal forma que se ponen en juego los rasgos intelectuales, la experiencia, la historia académica, aspectos que repercuten en la asimilación y en la expresión del nuevo conocimiento.

Si bien las características del sujeto son importantes, también lo son las cualidades de los objetos, por lo tanto, es una interacción en donde sujeto y objeto tienen importancia y las actividades que se emprendan deben considerar ambas situaciones. Al esperar que el alumno recree el conocimiento, se plantea que este tipo de aprendizaje es más propicio para fomentar la creatividad, la originalidad y el uso del pensamiento crítico.

Estas estrategias se pueden fundamentar en la perspectiva psicogenética y cognitiva y, por lo tanto, en el constructivismo individual (Piaget, 1975). En la psicología genética, se reconoce que existe una relación estrecha entre las características del sujeto cognitivo y sus posibilidades de aprendizaje, en donde, los procesos de asimilación y acomodación son determinantes para la adquisición de nuevos conocimientos. Desde la perspectiva cognitiva, se asume que existe una relación muy estrecha entre las características cognitivas del sujeto y las características epistémicas de los objetos. De suerte que, si se pretende incrementar el "aprendizaje", se deben enriquecer los esquemas cognitivos de los sujetos.

Este tipo de explicación didáctica sugiere que es el sujeto, en lo individual, quien establece la pauta para el aprendizaje, por lo tanto, las acciones que se realicen se encuentran en función de la cercanía entre sujeto y objeto de conocimiento. De tal manera que, el papel del profesor consistirá en adecuar las acciones en función de la complejidad de los objetos y el grado de desarrollo intelectual de los sujetos.

Ejemplo de estas estrategias son: mapas cognitivos (Pimienta, 2008 y 2012), que plantean estructurar información; aprendizaje por problemas (Díaz Barriga, 2006; Ortega et al. 2013; Torp y Sage, 1999), que demanda capacidades para observar, sistematizar y aplicar información; análisis de casos (Díaz Barriga 2006; Ortega et al. 2013; Wassermann, 1999), cuya solución requiere enfrentar situaciones complejas; aprendizaje orientado a proyectos (Díaz Barriga 2006; Moesby, Johannsen y Kornov, 2006; Ortega et al. 2013), que necesita de la rigurosidad científica; y las prácticas de campo o aprendizaje fuera del aula (Biggs, 2010), que implica poner en juego las habilidades de autorregulación.

Este tipo de actividades se pueden relacionar con todos los contenidos curriculares, por lo tanto, su implementación depende de las características de los objetos de estudio de las unidades de aprendizaje o asignaturas, a lo largo de todo el proceso formativo.

La evaluación del aprendizaje se realiza con el apoyo de evidencias como el portafolio, listas de verificación, escalas estimativas, rúbricas y construcción de prototipos, entre otras. Al ser una relación diferente entre alumnos y contenido de enseñanza aprendizaje, en donde los alumnos tienen libertad para recrear el contenido, los instrumentos de evaluación pueden dar cuenta de resultados a partir de evidencias que combinen elementos tanto objetivos como subjetivos.

Se tiende a usar este tipo de estrategias para comprender contenidos disciplinares y profesionales, pero no tanto para memorizarlos. Por lo mismo, este tipo de actividades tienden a fomentar el análisis, la reflexión, el pensamiento crítico y la creatividad.

Es común emplear estas estrategias para estudiar las disciplinas sociales y humanas (Díaz Barriga y Hernández, 2002), cuyos límites epistemológicos no son precisos y admiten el diálogo con facilidad y pluralidad de perspectivas, aspectos que no se pueden entender mediante puntos de vista unilaterales o que pretenden ser acabados.

b) Estrategias grupales no convencionales

> "No le corresponde al profesor la supervisión el aprendizaje en grupo, sino que su responsabilidad consiste en convertirse, junto con los alumnos, en miembro de una comunidad que busca el saber"
> (Barkley, Cross y Major, 2007: 19).

Son actividades de aprendizaje grupal o formas colectivas de trabajo que impactan el aprendizaje de los integrantes del grupo. Por lo mismo, lo que se aprende está en función de una visión de conjunto, por lo que se espera que las actividades consideren la participación en equipos de trabajo. Se considera que el alumno, no es un sujeto aislado, sino que siempre está en relación con los demás, y que lo que haga o deje de hacer, tiene implicaciones en lo que se aprende.

Este tipo de consideraciones argumentan que los sujetos, además de participar en grupo, deben hacerlo de cierta manera, y en donde el contenido de aprendizaje se les presenta mediante un conjunto de situaciones estructuradas como problemas, proyectos o casos.

Si bien, se les expone a situaciones para que las enfrenten y resuelvan, no existen soluciones únicas; los sujetos que participan alrededor de un tema o problema pueden considerar algunas características generales de lo que se espera de ellos como resultado de participar en la actividad, sobre todo de forma, pero no de contenido.

Los alumnos al participar en grupos de trabajo ponen en juego sus cualidades personales y cognitivas, para generar soluciones o productos que integren a su trabajo. Sin embargo, al participar en función de condiciones de colaboración, las cualidades de los integrantes influyen en los resultados; ya que en el trabajo colaborativo se comparten cualidades que pueden facilitar o complicar cumplir una tarea, aunque se tengan alumnos brillantes, si no se da la integración y motivación de los participantes, será difícil propiciar buenos productos de aprendizaje.

Al abrir las formas de participación y de integración grupal, se fomenta el trabajo en equipo, la responsabilidad, el pensamiento crítico, la creatividad y la originalidad para el trabajo en grupo.

Sin embargo, al priorizar las actividades e integración del grupo sobre los resultados, se pueden desatender aspectos como la calidad de resultados y el grado de aprendizaje de los participantes. Además, al permitir formas de interacción más abiertas y flexibles, se debe cuidar no otorgar más importancia a las formas de trabajo grupal que a la calidad de resultados.

Este tipo actividad grupal se fundamenta en el constructivismo social y el aprendizaje colaborativo, desde el cual se ha encontrado que los estudiantes obtienen mejores resultados al aplicar técnicas colaborativas (Arbaugh y Benbunan-Fich, 2006; Hung y Nichani, 2001; Caruso y Williams, 2008), que desde una perspectiva individual.

Desde el constructivismo social se piensa que el sujeto, como ser social, asume una actitud colectiva frente al conocimiento. Las formas de trabajo colectivo son inherentes a la agrupación social, y la colaboración es indispensable en el aprendizaje social.

Ejemplos de este tipo de actividades grupales se encuentran en: aprendizaje basado en problemas (ITESM, 2003; Torp y Sage,

1999), que demanda capacidades para observar, sistematizar y aplicar información; análisis de casos (Mendoza, 2003; Wassermann, 1999), que requiere enfrentar situaciones complejas; aprendizaje orientado a proyectos (Grunefeld y Silén, 2000; Lozano 2004; Moesby, 2005), que aplica la rigurosidad científica; aprendizaje colaborativo (Panitz, 1996; García, 2001; Barkley, Cross y Howell, 2007; Hewege y Roshani, 2013), que se apoya en las cualidades de los participantes.

Este tipo de estrategias se adecua más a los contenidos curriculares de la fase avanzada en la formación profesional, cuando se espera que los alumnos estén ya preparados para asumir la responsabilidad, de aplicar los aprendizajes desarrollados ante situaciones reales como son las actividades clínicas o las prácticas profesionales.

La evaluación del aprendizaje aplica instrumentos que incluyen rasgos colectivos como la elaboración de proyectos, solución de casos y problemas reales, entre otros. Al ser una relación no convencional entre alumno y contenido de enseñanza aprendizaje, en la que los alumnos pueden recrear el contenido, los instrumentos de evaluación pueden dar cuenta de resultados a partir de evidencias que combinen elementos objetivos y subjetivos.

Como este tipo de estrategias resaltan tanto los procesos como los productos, se prestan para realizar actividades a mediano y largo plazo, por lo mismo, puede tomar varias clases o todo el ciclo.

Se debe tener cuidado para evitar el error de sólo acordar fechas para presentar o entregar productos finales, sin establecer condiciones mínimas de seguimiento en la elaboración de los productos, mediante la planeación didáctica de asesorías y retroalimentación.

Además, se recomienda generar procesos de evaluación y autoevaluación para valorar la participación de los integrantes, de tal manera que permitan conocer, a lo largo del proceso, el grado de colaboración de los integrantes, para asegurar una participación equilibrada, y no dejar los posibles problemas hasta el final de la actividad.

En resumen, los procedimientos didácticos convencionales y no convencionales de enseñanza aprendizaje, con las respectivas actividades individuales y grupales, se pueden apreciar en la Figura 3.2, en la que se concentran diferentes acercamientos explicativos, a partir de categorías conceptuales, con apoyo de algunos ejemplos y definiciones.

Figura, 3.2 Estrategias de trabajo

Estrategias de trabajo			
1. Estrategias convencionales		2. Estrategias no convencionales	
a) Individuales	b) Grupales	a) Individuales	b) Grupales
Enseñanza centrada en los métodos	Enseñanza centrada en los objetivos	Enseñanza centrada en el alumno	Enseñanza centrada en el proceso grupal
Aprendizaje moldeado y ordenado	Aprendizaje cooperativo	Aprendizaje cognitivo	Aprendizaje colaborativo
Actividades individuales y rígidas que pretenden resultados predeterminados y únicos.	Actividades grupales y cooperativas, que promueven resultados predeterminados.	Actividades individuales con niveles de complejidad ascendente y resultados no predeterminados.	Actividades grupales y flexibles, organizadas en fases o etapas, con resultados no predeterminados.
Exposiciones	Foros	Mapas cognitivos	Dialogo
Demostraciones	Debates	Conocimientos previos	Enseñanza reciproca
Conferencias	Paneles	Organización de la información	Organizadores gráficos
Clases magistrales	Mesas redondas	Diagramas	Centradas en la escritura
Ensayos	Simposios	Prácticas de campo	Wiki
Reportes de lecturas	Seminarios	Aprendizaje *in situ*	
Esquemas	Aprendizaje basado en problemas		
Prácticas de laboratorio	Aprendizaje orientado a proyectos		
Cuestionarios	Análisis de casos		
Ejercicios	Simulaciones		
Correo electrónico	*Blended-learning*: combina estrategias presenciales y virtuales (aprendizaje combinado, hibrido, flexible, semipresencial, aula invertida, TPACK, etc.)		

Cabe señalar que, algunas actividades se pueden ubicar en dos o más tipos de procedimientos didácticos, su ubicación se determina por el concepto de aprendizaje que la fundamenta y por la forma de promover los resultados esperados (Bartolomé, 2004).

Conclusión

Si bien existen coincidencias sobre las estrategias para promover la enseñanza y el aprendizaje en educación superior en las modalidades convencionales y no convencionales, sean individuales o grupales, se puede destacar que mientras en las perspectivas convencionales los alumnos aparentemente no ponen en juego sus capacidades intelectuales, al tener pocas o nulas decisiones frente a lo que aprenden, porque dependen de lo que el maestro decide y organiza; en las no convencionales, los alumnos asumen gran parte de las decisiones de cómo proceder en las formas de trabajo, por lo tanto, sus cualidades intelectuales tienen una mayor repercusión en el aprendizaje.

Por su parte, la diferencia entre el trabajo individual convencional y no convencional se puede ubicar alrededor de la presencia o ausencia de los demás compañeros de clase para aprender; en el primero el alumno necesita y tiene presente a los otros para enfrentar y solucionar problemas curriculares o socio profesionales; y en el segundo, el alumno depende de sus capacidades personales e intelectuales para enfrentar o solucionar dicha problemática.

Por otro lado, con respecto al trabajo en equipo, la diferencia entre ambos acercamientos estriba en que mientras en el convencional las decisiones de los demás compañeros al interior del equipo no son importantes, en tanto que el maestro ya tiene previstos los roles de participación, tiempos y resultados esperados; en los grupos no convencionales, la presencia de los demás integrantes es fundamental, dado que dependen de las cualidades académicas y de los roeles que asumen al interior de los grupos de aprendizaje o equipos de trabajo.

Como se observa, algunos ejemplos de actividades pueden ubicarse simultáneamente en varios tipos de procedimientos didácticos. Esto sucede principalmente en las estrategias de enseñanza aprendizaje basado en problemas, proyectos o casos; sin embargo, las diferencias aparecen cuando se identifican los referentes del aprendizaje que se apegan o no de las actividades. Así, en las modalidades individuales y grupales convencionales, el problema, caso o proyecto que se plantea, es controlado paso a paso por el docente, hasta terminar las fases o etapas y alcanzar los resultados esperados; o por el contrario, si no son procedimientos convencionales, tanto los planteamientos como los procedimientos pueden ser flexibles para que el alumno en lo individual o en grupos, junto con el maestro, impriman las características de los problemas, casos o proyectos, y establezcan las pautas de trabajo.

Por lo anterior, se puede suponer que, el alumno al formarse como futuro profesional requiere tener momentos para reconocer los límites de sus acciones, y por lo tanto, necesita considerar las propuestas y decisiones de los demás; pero también necesita reconocer que en ciertas situaciones o condiciones, el alumno también puede estar preparado para elaborar propuestas y tomar decisiones por du cuenta.

De esta manera, se puede entender por qué al interior de cada tipo de procedimientos didácticos, se identifican ciertos fundamentos conceptuales del proceso de enseñanza aprendizaje, que aluden a una serie de categorías explicativas y, aunque los rasgos pueden favorecer un tipo específico de procedimientos didácticos, también pueden ser compartido, en menor medida, por otros procedimientos, ello es más claro a partir del siguiente concentrado de elementos explicativos que refieren los fundamentos del proceso enseñanza aprendizaje (Figura, 3.3).

Figura, 3.3 Fundamentos conceptuales del proceso enseñanza aprendizaje

Fundamentos conceptuales del proceso enseñanza aprendizaje				
Conceptos	1. Convencionales		2. No convencionales	
	a) Individuales	b) Grupales	a) Individuales	b) Grupales
Fundamentos pedagógicos	Educación tradicional y tecnología educativa (centrado en el maestro)	Desarrollo organizacional (centrado en la instrucción)	Constructivismo individual (centrado en el individuo)	Constructivismo social (centrado en el grupo)
Maestro	Dirige, vigila y controla	Instruye, organiza y coordina	Guía y asesora	Media y acompaña
Alumno	Moldeable	Colectivo	Pensante	Social
Objeto de conocimiento	Acabado, no admite diferentes interpretaciones		En proceso, con diferentes interpretaciones	
Relación con el objeto	Unilateral	Unilateral y grupal	Bidireccional	Bidireccional y grupal
Procedimientos	Lineales, ordenados y cerrados		Guiados y asesorados	Globales, con diferentes aproximaciones
Ambiente de trabajo	Disciplinado, ordenado e inflexible		Relajado	Ruidoso y flexible
Organización del trabajo	El docente toma las decisiones		Decisiones conjuntas maestro alumno	Decisiones grupales
Habilidades cognitivas	Aprende a seguir ordenes, a imitar, disciplinado	Aprende a trabajar en equipo bajo directrices generales	Asume su responsabilidad y se autorregula	Sentido de comunidad y autosuficiencia
Aprendizaje	Individual y competitivo, depende de sus cualidades memorísticas	Grupal y cooperativo, depende de las aportaciones de los integrantes del grupo	Individual, depende de cualidades cognitivas	Social y colaborativo, depende de las cualidades de los demás
Resultados	Únicos, predeterminados y fragmentados		Con grado de complejidad creciente	Abiertos, no predeterminados
Comunicación	Vertical: maestro - alumno	Vertical: maestro - grupo	Horizontal: alumno – maestro	Horizontal: alumno - alumno y grupo – maestro

Fundamentos conceptuales del proceso enseñanza aprendizaje				
Conceptos	1. Convencionales		2. No convencionales	
	a) Individuales	b) Grupales	a) Individuales	b) Grupales
Evaluación del aprendizaje	Exámenes Reportes Ensayos		Portafolio, Rubricas Escalas estimativas	Evidencias teórico-prácticas Autoevaluación, Coevaluación Heteroevaluación
Tamaño del grupo	Grupos numerosos		Grupos pequeños y medianos	
Momentos de la formación	Adecuado para el inicio de la formación	Adecuado para las fases intermedias	Durante toda la carrera	Adecuado para las fases clínicas o de prácticas profesionales
Riesgos	El maestro habla y los alumnos escuchan	Los alumnos hacen todo y el maestro no hace nada	Los alumnos esperan que el maestro los lleve de la mano	Los maestros sin formación pedagógica para trabajar en grupo

Se pueden señalar más características de cada uno de los conceptos; sin embargo, los elementos referidos se consideran básicos para delinear ciertos rasgos conceptuales de las dimensiones didácticas de la enseñanza.

Del concentrado de información que aparece en la figura 3.3, se deduce que el alumno tiene que estar formado tanto para el trabajo individual, que le permite desarrollar habilidades cognitivas para seguir indicaciones y asumir responsabilidades, como para el trabajo de equipo, que le aporta cualidades para trabajar en colectivo, mediante directrices generales o para ser propositivos, creativos e imaginativos frente a los problemas.

Por lo tanto, el tipo de modalidades de enseñanza no tiene por qué limitarse a una forma; así como se presentan momentos en la formación para seguir indicaciones, también existen otros espacios para responsabilizarse por las decisiones. En gran parte dependerá de las características de los contenidos disciplinares de enseñanza aprendizaje, de las características de los alumnos, de los estilos de personalidad, la experiencia en la enseñanza y la preparación académica de los docentes, así como de los lineamientos generales de enseñanza y aprendizaje del modelo educativo promovidos desde la institución.

La dimensión didáctica de la enseñanza tiene que verse de manera abierta, flexible y variada; requiere conocer e incorporar la pluralidad de opciones, desde aquellas propuestas que en lo general fundamentan todo un plan de estudios, como las particulares, a partir de las que se trabaja un curso o una clase.

Es difícil que un solo tipo de actividades o el predominio de alguna sea condición para propiciar los mejores resultados, e igual que un solo tipo de actividades propicie óptimos aprendizajes; al contrario, se plantea que en la medida que se varíen y combinen, se tienen mayores posibilidades para promover el aprendizaje. La complementariedad y la pluralidad son los elementos que se desprenden de la multidimensionalidad de niveles o perspectivas explicativas aquí consideradas.

Por último, si bien actualmente existe una serie de procedimientos que "modernizan", la enseñanza aprendizaje con base al uso de tecnologías, por medio de plataformas, redes sociales o herramientas digitales; estas modalidades son parte del dinamismo educativo, que intensifica la comunicación educativa, pero aún persiste gran parte de la educación presencial, alrededor de la comunicación cara a cara, del maestro con sus alumnos y entre estudiantes[10].

---

[10] Un análisis más detenido sobre este tema se encuentra en los apartados que consideran los argumentos pedagógicos y psicológicos como parte de las dimensiones de los procesos de enseñanza aprendizaje. En ellos, se encuentra, además de un análisis epistemológico de los fundamentos pedagógicos y psicológicos de las "técnicas modernas", también se establecen sus potencialidades de uso en los tiempos actuales.

IV

Conclusiones

Es un reto abordar el tema de las dimensiones de enseñanza aprendizaje en educación superior en el contexto actual de las comunicaciones globales. Actualmente se transfiere gran cantidad de información, situación que suscita, en los procesos de enseñanza aprendizaje, al igual que en todos los ámbitos de la sociedad, una producción académica y científica permanente, por lo que continuamente se agregan nuevas consideraciones conceptuales o se refieren experiencias pedagógicas y didácticas innovadoras,[11] dignas de ser tomadas en cuenta.

Aunque, el campo de la enseñanza y aprendizaje aparentemente es un terreno estable, con más de tres siglos de prácticas educativas institucionalizadas, en el fondo, es un medio exigente y dinámico, que aunque se adhiera a las estrategias didácticas que le otorgan "seguridad" y "confianza", el medio es competitivo y cambiante. Además, existe la tendencia de creer que, mientras las nuevas generaciones de profesores viven y dominan el mundo de las tecnologías, las generaciones de mediana edad o cercanas a ésta, si bien no tienen el dominio pleno de las TICs, aún dominan los contenidos, lo que hace un panorama difícil de entender, pues no se sabe si es un problema intergeneracional de fondo o es solo

---

[11] Para tener una idea sobre la producción científica de esta temática, basta con saber que en el 2018 Google Académico, identifica 33,500 referencias de libros y artículos especializados sobre enseñanza y el aprendizaje en educación superior.

aparente, por lo que se requiere indagar más sobre esta y otras situaciones.

El relevo generacional de profesores es un hecho inminente. Se están jubilando o están por hacerlo, una gran cantidad de profesores que se iniciaron como docentes en los años 70s y 80s del siglo pasado, y en menos de diez años se renovará la mitad de la planta académica, que está por retirarse y aún existen problemas para el reemplazo generacional (Maldonado, 2016). Ante este escenario, aparecen inquietudes de saber si las nuevas generaciones de profesores reconocen las dimensiones e incorporarán las explicaciones sobre la enseñanza y el aprendizaje con nuevas prácticas pedagógicas y didácticas, o si los discursos y prácticas convencionales permanecerán ante el auge de la comunicación digital.

Si bien, las actividades de enseñanza y aprendizaje son inherentes a cualquier nivel educativo, en la educación superior, tienen un contexto peculiar. Los maestros, los alumnos y los contenidos poseen características propias, de estas particularidades sobresalen los rasgos relacionados con las actividades profesionales. La mayoría de los docentes son especialistas en campos científicos, disciplinares y profesionales, y en menor medida se especializan en el terreno pedagógico; por su parte, los alumnos, además de ser formados para enfrentar diferentes problemas en una heterogeneidad de situaciones socio profesionales, en este momento de su formación, deben adquirir valores éticos y sociales profesionales como parte de su condición humana.

Así, a lo largo de la historia de la educación superior, diferentes disciplinas educativas como la pedagogía, la psicología y la didáctica, han creado argumentos para articular los tres componentes de la educación superior (enseñanza, aprendizaje y contenidos curriculares) en el contexto de las actividades profesionales. Hasta la fecha, a pesar del cúmulo de explicaciones vertidas, se siguen elaborando teorías y propuestas que pretenden "mejorar" el quehacer docente, el aprendizaje de los alumnos o la relación de ambos para un mayor aprendizaje, sin que hasta el momento predomine una visión, si acaso, los nuevos argumentos predominan por un tiempo, y por lo mismo, durante ese lapso, opaca a los argumentos previos, pero tiempo después, surgen nuevas propuestas que acaparan el interés, ante lo cual, la versión que predominaba termina siendo sólo una más.

Por otra parte, estas y otras disciplinas educativas han planteado nuevas formas de agrupar el conocimiento y sus prácticas que reordenan estos tres componentes como las multidisciplinares, interdisciplinares y transdisciplinares; sin embargo, la tendencia actual es combinar, mezclar, fusionar o integrar propuestas, desde una perspectiva inter y transdisciplinar. Esta tendencia minimiza barreras entre las disciplinas, lo que se expresa a través de perspectivas teóricas y conceptuales eclécticas como el constructivismo, que sirve de base para una variedad de propuestas denominadas híbridas o complementarias como el aprendizaje situado, el *Blended learning*, el *Flipped classroom* (aprendizaje invertido) y la enseñanza semipresencial, entre otros, con apoyo de diferentes herramientas y plataformas de comunicación digital.

Sin embargo, las prácticas educativas siguen siendo eminentemente disciplinares y si acaso, multidiciplinares. Dado que los ámbitos de la educación superior no son homogéneos, aún permanecen dudas y algunos pendientes por aclarar. Así, en el constructivismo, permanece la duda por saber, si la combinación de diferentes fundamentos teóricos y epistemológicos, propicias prácticas educativas centradas en el estudiante, tanto en los grupos pequeños como en los numerosos, o si es un intento más por trascender el predominio del docente en el aula (Snyders, 1972), sin que el alumno adquiera el control y significado sobre su aprendizaje, como lo manifiesta la propuesta.

Con respecto al aprendizaje situado, queda pendiente precisar si este tipo de estrategias de enseñanza aprendizaje son contextuales y globales, como lo argumentan, o si, en los hechos, el proceso de enseñanza aprendizaje sigue siendo lineal, paternal y vertical, debido a las características de los sujetos, las disciplinas y las profesiones participantes, según las particularidades del ámbito en el que se implementan.

En relación con el uso del Internet y las redes sociales, permanece la duda si estos medios tecnológicos propician nuevos aprendizajes y trascienden los problemas que se tienen al enseñar y aprender como la motivación, la concentración y los buenos resultados, o solo son el medio por el cual se incrementa la cantidad de información sin repercutir en el grado de comprensión.

Si bien, actualmente se incrementa la comunicación en formato digital, situación que se acompaña por el desarrollo de la infraestructura para las comunicaciones electrónicas y la presencia de docentes jóvenes, quienes tienen facilidad para manejar los medios digitales, queda pendiente si solo son formas de comunicación o si también modifican la relación entre los componentes del proceso educativo. Aunque los aparatos y herramientas digitales aparentemente favorecen la comunicación educativa, también pueden bloquearla, ya sea por exceder los tiempos de uso o por perturbar los momentos destinados para el aprendizaje.

Además, está pendiente identificar cuáles son los valores que se transmiten a través de la comunicación digital, en donde cada día es más se propicia una educación despersonalizada y "rápida", pero como se ha comprobado, la comunicación cara a cara sigue siendo importante para el aprendizaje de los valores (Buxarrais, 2016).

Ante esta situación, ¿qué posibilidades tiene el docente para no auto percibirse "arcaico" o "rezagado"? Aunque se identifican dos grupos de docentes: los jóvenes y los no tan jóvenes, se puede identificar una posible respuesta. Los docentes como cualquier ser humano que desarrolla una actividad intelectual continuamente enfrentan nuevos retos, ya sea incorporar contenidos de asignatura o una estrategia de enseñanza, o hasta una nueva propuesta curricular; sin embargo, para hacerlo, debe una actitud de apertura, que es propia de la condición humana.

El docente joven requiere renovar sus actitudes frente a los estudiantes, pues, aunque se es joven, los estudiantes necesitan ser entendidos y atendidos como sujetos de aprendizaje y no como objetos que acumulan información; por su parte, los docentes no tan jóvenes, requieren la actitud de renovación para comprender las novedades comunicativas y aplicar aquellas que les sean adecuadas a sus estilos de enseñanza y a las características de los objetos disciplinares.

Así, se coincide con Martín (1999), quien refiere que la mayoría de las investigaciones concuerdan en la necesidad de mejorar la calidad de la educación y remontar el "bajo prestigio social", a partir de la formación de profesores que promueve una competencia metodológica mínima, que implica el conocimiento y dominio de una gama de métodos educativos para tomar decisiones fundamentadas en la multidimensionalidad de los procesos de enseñanza aprendizaje.

En síntesis, la enseñanza y el aprendizaje en la educación superior se tiene que ver a la luz de la multidimensionalidad, perspectiva que plantea considerar diferentes argumentos de las disciplinas vinculadas a los procesos educativos para explicar, orientar y mejorar el proceso de enseñanza aprendizaje. Lo anterior se puede entender, más como una cualidad que como una limitante, porque estas disciplinas educativas como parte de las ciencias sociales, incorporan diferentes perspectivas interpretativas y aplicativas, sin el predominio de alguna de ellas.

REFERENCIAS BIBLIOGRÁFICAS

Aebli, H. (1958). *Una didáctica fundada en la psicología de Jean Piaget.* Buenos Aires: Kapelusz.

Anaya, A. y Anaya, C. (2010). ¿Motivar para aprobar o para aprender? Estrategias de *motivación para los estudiantes. Tecnología, Ciencia, Educación, 25(1): 5 -14.*

Arbaugh, J. B. y Benbunah-Fich, R. (2006). An investigation on epistemological and social dimentions of teaching in online environments. *Academy of management learning & education, 5(4):* 435 - 447.

Arnaz, J. A. (2016). *La planeación curricular.* México: Trillas.

Ausubel, D., Novak, J., y Hanesian, H. (1989). *Psicología educativa: un punto de vista cognoscitivo.* México: Trillas.

Bandura, A. (1982). *Teoría del aprendizaje social.* Madrid: Espasa-Calpe.

Bartolomé, A. (2004, mayo). Blended learning: conceptos básicos. *Revista de Medios y Educación, 23: 7 – 20.*

Bellocchio, M. (2010). *Educación basada en competencias y constructivismo: un enfoque y un modelo para la formación pedagógica del siglo XXI.* México: ANUIES.

Biggs, J. (2010). *Calidad del aprendizaje universitario.* México: ANUIES – SEP – Narcea.

Barkley, E. F.; Cross, K. P. y Howell, C. (2007). *Técnicas de aprendizaje colaborativo.* Madrid: Morata.

Bizquerra, F. y Hernández, S. (2017). Psicología positiva, el programa emocional y aulas felices. *Papeles del psicólogo, 38(1):* 58 - 65.

Burke. W. (1988). *Desarrollo organizacional: punto de vista normativo.* México: Sitesa.

Buxarrais, M. R. (2016). Redes sociales y educación. *Education in the Knowledge Society,* *17*(2), Recuperado el 22 de julio de 2019 de, <http://www.redalyc.org/articulo.oa?id=535554762002> ISSN

Callejas, M. M., Blanco, N., Ladino, Y., Tuay, R. N. y Ochoa, K. (2017). Profesional

development of university educators in ESD: a study from pedagogical styles. *International Journal of sustainability in Higher Education.* *18*(5): 648 – 665

Caruana, A. (Coord.). *Aplicaciones educativas de la psicología positiva.* Valencia, España: Geralitat Valenciana.

Caruso, H. y Williams, A. (2008) Harnessing the power of emergent interdependence to promote diverse team collaboration. En K. Phillips *Diversity and groups.* Emerald Group Publishing Limited: Reino Unido

Carretero, M. (2008). Constructivismo <<mom amour>>. En M. Carretero, J. A. Castorina y R. Baquero (Comps.), *Debates constructivistas* (pp. 47-67). Buenos Aires: Aique.

Castorina, J. A. (2000). El debate Piaget y Vigotsky: la búsqueda de un criterio para su evaluación. En *Piaget y Vigotsky: contribuciones para replantear el debate* (pp. 9-44). México: Paidós.

Castorina, J. A. (2003). Los problemas de una teoría del aprendizaje: una discusión crítica de la tradición psicogenética. En, *Piaget en la educación: debate en torno a sus aportaciones* (pp. 53-77). México: Paidós.

Castorina, J. A. (2008). Los problemas conceptuales del constructivismo y su relación con la educación. En M. Carretero, J. A. Castorina y R. Baquero (Comps.), *Debates constructivistas* (pp. 21-45). Buenos Aires: Aique.

Castro, A. (2010). (Comp.) *Fundamentos de psicología positiva.* Buenos Aires: Paidós.

Chadwik, C. (1983). Los actuales desafíos para la tecnología educativa. *Revista Tecnología Educativa,* *2*(8): 99-109.

Chateau, J. (2014). *Los grandes pedagogos.* México: Fondo de Cultura Económica.

Coll, C. (2000). Constructivismo e intervención educativa: ¿cómo enseñar lo que se ha de construir? En M. Rovira (Comp.), *El constructivismo en la práctica* (pp. 11-32). Barcelona: Grao.

Coll, C. (2003). La teoría genética y los procesos de conocimiento en el aula. En, *Piaget en la educación: debate en torno a sus aportaciones* (pp. 15-52). México: Paidós.

Comenio, J. A. (1988). *Didáctica magna.* México: Porrúa.

Díaz Barriga, A. (1997). *Didáctica y currículum: convergencia de los programas de estudio.* México: Paidós

Díaz Barriga, A. (2006). El enfoque de competencias en la educación: ¿Una alternativa o un disfraz de cambio? *Revista Perfiles Educativos, 28*(111): 7 – 36.

Díaz Barriga, F. (2006). *Enseñanza Situada: vínculo entre la escuela y la vida.* México: Mc Graw Hill.

Díaz Barriga, F. y Hernández, G. (2002). *Estrategias docentes para un aprendizaje significativo: una interpretación constructivista.* México: Mac Graw Hill.

Eggen, P. y Kauchak, D. (1999). *Estrategias docentes: enseñanza de contenidos curriculares y desarrollo de habilidades del pensamiento.* México: FCE.

Freire, P. (1978). *La educación como práctica de la libertad.* México: Siglo XXI.

Freire, P. (1990). *Pedagogía del oprimido.* México: Siglo XXI.

Freud. S. (1989). *Esquema del psicoanálisis.* México: Paidós.

Frola, P. y Velázquez, J. (2011). *Estrategias didácticas por competencias: diseños eficientes de intervención pedagógica.* México: CEICI.

Fullat, O. (2008). *Filosofía de la educación.* Madrid: Síntesis educación.

Gago, A. (1985). *Modelos de sistematización del proceso de enseñanza aprendizaje.* México: Trillas.

García, A. (Coord.) (2001) *Didáctica Universitaria.* Madrid: La Muralla.

García, E. (2013). *Pedagogía constructivista y competencias: lo que los maestros necesitan saber.* México: Trillas.

Grunefeld, H. y Silén, C. (2000). *Problem based learning compared to project organized learning.* Paises Bajos: Universiteit Twente.

Hess, R. (1976). *La pedagogía institucional hoy.* Madrid: Narcea.

Hewege, Ch. R. y Roshani, L. Ch. (2013). Pedagogical significance of wikis: towards gaining effective learning outcomes", *Journal of International Education in Business*, 6(1): 51-70.

Hung, D. y Nichani, M. (2001). Constructivism and e-learning: balancing between the individual and social levels of cognition. *Educational technology*, 41(2): 40 -44.

Instituto Tecnológico de Estudios Superiores de Monterrey (2003). *El aprendizaje basado en problemas como técnica didáctica.* Monterrey, México: Dirección de investigación y desarrollo educativo del ITESM.

Lapassade, R. y Loureau, R. (1973). *Las claves de la sociología.* Barcelona: Laia.

Lobrot, M. (1974). *Pedagogía institucional.* Buenos Aires: Humanitas.

Lozano, F. (2004). Aprendizaje Orientado a proyectos (POL). Guía para diseñar un curso basado en POL. *En compilación del curso: Aprendizaje orientado a proyectos.* Guadalajara México: CUCS - U de G.

Maggio, M. (2000). El campo de la tecnología educativa: algunas aperturas para su reconceptualización. En E. Litwin (Comp.), *Tecnología, educativa: política, historias, propuestas* (pp. 25-39). Buenos Aires: Paidós.

Maldonado, A. (2016). Pérdida de poder adquisitivo y limitada competitividad internacional: indicios sobre los salarios de académicos mexicanos a partir de una comparación internacional. *Universia*, 7(20): 3 -20.

Mariñelarena, L. (2012). Surgimiento y desarrollo de la psicología positiva. Análisis desde una historiografía crítica. *Psicodebate,* 12: 9 - 22.

Martín, F. (1999). *La didáctica ante el tercer milenio.* Madrid: Síntesis.

Marzano, R. y Pickering, D. (2005). *Dimensiones del aprendizaje: manual para el maestro.* Guadalajara, México: ITESO.

Mendoza, A. (2003). *El estudio de casos un enfoque cognitivo.* México: Trillas

Mialaret, G. (1981). *Ciencias de la educación.* Barcelona: Oikos Tau.

Moesby, E.; Johannsen, H. H. W. y Kornov, L. (2006). Individual activities as an integrated part of project work: an innovative aproach to project oriented and problema based learning (POPBL). *World transactions of engineering and technology.* 5: 11 – 17.

Monereo, C. (Coord) (1999) *Estrategias de enseñanza aprendizaje: formación de profesores y aplicación en la escuela.* Barcelona: Grao.

Monereo, C. y Castelló, M. (1998). *Las estrategias de aprendizaje: cómo incorporarlas a la práctica educativa.* Barcelona: Edebé.

Neisser, U. (1979). *Psicología cognoscitiva.* México: Trillas.

Nutt, P. (2002). *Why decisions fails,* Berret-Koehler Publishers, Inc.: San Francisco.

Ortega, A., Farfán, P. E. y Ramírez, V. M. (2013). *Aprendizaje situado: un modelo para la enseñanza de las especialidades médicas.* Guadalajara, México: Hospital Civil de Guadalajara.

Palacios, J. (1989). *La cuestión escolar.* Barcelona: Laia.

Panitz, T. (1996). A definition of collaborative vs cooperative learning. Recuperado de http://colccti.colfinder.org/sites/default/files/a_definition_of_collaborative_vs_cooperative_learning.pdf.

Peña, T. E. (2010). ¿Es viable el conductismo en el siglo XXI? [Versión electrónica), *Revista Liberabit de Psicología, 16*(2): 125–130.

Piaget, J. (1975). *Psicología y epistemología.* Barcelona: Ariel.

Piaget, J. (1981). *Problemas de psicología genética.* Barcelona: Ariel.

Pimienta, J. (2008). *Constructivismo: estrategias para aprender a aprender.* México: Trillas.

Pimienta, J. (2012). *Estrategias de enseñanza aprendizaje: docencia universitaria basada en competencias.* México: Pearson.

Ponce, M. (2010). *Vigotsky para educadores*. México: Letec.

Pozo, J. I. (2000). La crisis de la educación científica ¿volver a lo básico o volver al constructivismo? En M. Rovira (Comp.), *El constructivismo en la práctica* (pp. 33 -46). Barcelona: Grao.L.

Ramírez, L. E. (2011). La transferencia en el proceso educativo. *Revista colombiana de ciencias sociales. 2*(1): 85 - 89.

Reig-Ferrer, A. (2010). Prologo. En Caruana, A. (Coord.), *Aplicaciones educativas de la psicología positiva* (pp. 11 – 15). Valencia, España: Geralitat Valenciana.

Reich, W. y Schmidt, V. (1980). *Psicoanálisis y educación 1.* Barcelona: Anagrama.

Robins, S. y Judge, T. (2017). *Comportamiento organizacional.* México: Pearson.

Rodríguez, E. y Zapata, L. (1985). En La docencia de acuerdo a los supuestos de la tecnología educativa. En, *Tecnología educativa (pp. 13-27).* Querétaro, México: Universidad Autónoma de Querétaro.

Rosas, R. y Sebastián, Ch. (2008). *Piaget, Vigotski y Maturana*: *construcción a tres voces.* Buenos Aires: Aique.

Rousseau, J. J. (1989). *Emilio o de la educación.* México: Porrúa.

Sánchez, F. (2010). Principales aportaciones pedagógicas. Una visión positiva de la educación. En A. Caruana (Coord.), *Aplicaciones educativas de la psicología positiva* (pp. 59 – 71). Valencia, España: Geralitat Valenciana.

Sarramona, J. (1990). *Tecnología educativa: una valoración crítica.* Barcelona: CEAC.

Sarramona, J. (1994, abril–junio). Presente y futuro de la tecnología educativa. *Revista Tecnología y Comunicación Educativas*, 23, 1-17. Recuperado el 24 de octubre de 2014, de http://investigacion. ilce.edu.mx/stx.asp?id=2590.

Seligman, M. (2009). Positive education: positive psycology and classroom interventions. *Oxford Review of Education, 35*(3): 293- 311.

Skinner, B. F. (1974). *Ciencia y conducta humana*. Barcelona: Fontanella.

Skinner, B. F. (1979). *Tecnología de la enseñanza*. Barcelona: Labor.

Snyders, G. (1972). *Pedagogía progresista*. Madrid: Marova – Fax.

Snyders, G. (1974). Los siglos XVII y XVII. En M. Debesse y G. Mialaret (Eds.), *Historia de la pedagogía II* (pp. 13-82). Barcelona: Oikos-Tau.

Standing, E. (1986). *La revolución Montessori en la educación*. México: Siglo XXI.

Taberosky, A. (2000). Enseñar a escribir en forma constructiva. En M. Rovira (Comp.), *El constructivismo en la práctica* (pp. 59-70). Barcelona: Grao.

Torp, L. y Sage, S. (1999). *El aprendizaje basado en problemas: desde el jardín de la infancia hasta el final de la escuela secundaria*. Buenos Aires: Amorrortu.

Tovar, A. (2001). *El constructivismo en el proceso enseñanza aprendizaje*. México: Instituto Politécnico Nacional.

Vázquez, C.; Hervás, G.; Rahona, J. J. y Gómez, D. (2009). Bienestar psicológico y salud. *Anuario de psicología clínica y de la salud, 5*: 15 – 28.

Vigotsky, L. S. (1988). *Pensamiento y lenguaje*. México: Quinto Sol.

Vigotsky, L. S. (2001). *Psicología y pedagogía*. Buenos Aires: Aique.

Wassermann, S. (1999). *El estudio de casos como método de enseñanza*. Buenos Aires: Amorrortu.

Zarzar, C. (2013). *Habilidades básicas para la docencia*. México: Patria.

Zubiría, H. D. (2004). *El constructivismo en los procesos de enseñanza aprendizaje en el siglo XXI*. México. Plaza y Valdés.

BIOGRAFÍA DE AUTORES

J. Jesús Huerta Amezola. Licenciado en Psicología por la Universidad de Guadalajara, Maestro en Ciencias de la Educación por la Universidad Autónoma de Querétaro y Doctorado en Educación y Sociedad por la Universidad Autónoma de Barcelona. Profesor con reconocimiento por el PRODEP, es autor de diversas publicaciones en educación superior sobre temas curriculares. Actualmente es profesor investigador de tiempo completo en el Centro Universitario de Ciencias de la Salud de la Universidad de Guadalajara.

Irma Susana Pérez García. Licenciada en Psicología por la Escuela Nacional de Estudios Profesionales de Iztacala de la Universidad Nacional Autónoma de México, Maestra en Ciencias de la Educación por la Universidad Autónoma de Querétaro y candidata al Doctorado en Educación y Sociedad por la Universidad Autónoma de Barcelona. Es autor de diversas publicaciones en educación superior sobre temas curriculares. Fue profesora investigadora por más de 35 años, y actualmente como jubilada de la Universidad de Guadalajara, colabora en diversos proyectos académicos.

Maritza Alvarado Nando. Maestra en Educación y Doctorada en Educación Superior por el Centro Universitario de Ciencias Sociales y Humanidades de la Universidad de Guadalajara. Actualmente es profesora investigadora de tiempo completo en el Centro Universitario de Ciencias de la Salud de la Universidad de Guadalajara. Autora de libros sobre los procesos de aprendizaje, tutorías, formación de competencias y enseñanza en la educación superior. Es presidente de la Red de Académicos de Iberoamericana, A. C. y miembro de la Asociación Iberoamericana en Docencia Universitaria. También es miembro del Consejo Mexicano de Investigación Educativa.

CPSIA information can be obtained
at www.ICGtesting.com
Printed in the USA
BVHW030942071119
563174BV00003B/22/P

9 781506 530550